高效陪伴

长律◎著

写给
中国父母的智慧教子手册

中国水利水电出版社
www.waterpub.com.cn
·北京·

内 容 提 要

　　孩子的健康成长离不开父母的陪伴，现在很多年轻父母平时工作忙，不能时常陪伴在孩子身边，出现了"周末父母"的现象。很多年轻父母、上班父母认同"陪伴是最好的教育"，但陪伴流于形式，忽视了陪伴质量，如何陪伴孩子，尤其是深度陪伴，成了父母与孩子之间的一个难题。本书讲述了如何高效陪伴，在有限的时间里，能和孩子愉快地相处，能让孩子认真倾听你说的话，能让孩子快乐、享受地度过陪伴时光，而且在陪伴的过程中，教会孩子正确的观念、良好的行为习惯。

图书在版编目（CIP）数据

　　高效陪伴 ：写给中国父母的智慧教子手册 / 长律著
. -- 北京 ：中国水利水电出版社，2021.11
　　ISBN 978-7-5226-0022-2

　　Ⅰ．①高… Ⅱ．①长… Ⅲ．①家庭教育－手册 Ⅳ.
①G78-62

　　中国版本图书馆CIP数据核字(2021)第199909号

书　　名	高效陪伴：写给中国父母的智慧教子手册 GAOXIAO PEIBAN: XIEGEI ZHONGGUO FUMU DE ZHIHUI JIAOZI SHOUCE
作　　者	长律 著
出版发行	中国水利水电出版社 （北京市海淀区玉渊潭南路1号D座　100038） 网址：www.waterpub.com.cn E-mail：sales@waterpub.com.cn 电话：（010）68367658（营销中心）
经　　售	北京科水图书销售中心（零售） 电话：（010）88383994、63202643、68545874 全国各地新华书店和相关出版物销售网点
排　　版	北京水利万物传媒有限公司
印　　刷	天津旭非印刷有限公司
规　　格	146mm×210mm　32开本　8.75印张　224千字
版　　次	2021年11月第1版　2021年11月第1次印刷
定　　价	49.80元

序

这个世界上所有的爱都以聚合为最终目的，只有一种
爱以分离为目的，那就是父母对孩子的爱。

——[英]希尔维亚·克莱尔

陪伴是什么？陪伴是最深情的告白；陪伴是你在我的身边，你
在我的眼中，我在你的心里；陪伴是我们共同走过一段路……

所有的陪伴都是以聚合为目的的，唯有父母的陪伴是以分离为
目的。父母也是第一次当父母，而且为此努力一生。

每一位父母都怀着无比深切的爱将孩子养育成人。为了在将
来分离时，孩子可以拥有创造幸福的能力，绝大多数父母都选择
在有限的时光里，忘我地、全身心地投入到陪伴孩子这件事情中。
高效且深层次的陪伴，无论对孩子还是对父母，都是促进双方共同
成长的最好方式。

不过，陪伴不等于陪同，聪明的妈妈懂得运用一切力量，将爱融入孩子的思想、行为中；懂得合理分配时间，时刻为孩子创造美好的时光；懂得深度掌握孩子的动态，以身作则、言传身教地滋润孩子的心灵……在陪伴孩子的过程中，与孩子共同成长。

孩子，是上天赐予父母的礼物。孩子的身体中印刻着父母的基因，父母的言传身教对孩子的成长会产生很大的影响，一个有趣、优秀的孩子离不开父母高效、深切的陪伴和良好的教育。孩子就是父母内心的一面镜子。

高效陪伴，是指让父母在有效的时间内，将陪伴发挥出最大的效果。在父母陪伴孩子的有限时间里，呵护孩子情感，引领孩子成长，塑造孩子正确的价值观。

这样的陪伴，离不开妈妈的全情投入和仔细观察。如果父母只是简简单单地陪在孩子身边，完全察觉不到孩子内心的需求，这样的陪伴不仅无效，而且会让孩子觉得即使有父母陪在身边，还是体会不到幸福和快乐，从而造成孩子孤僻、消极等不良的性格。

因此，父母只有在陪伴孩子时认真地观察、体会、接受并引导孩子的情绪和情感，与孩子一同分享世界、探索世界，在各种各样的开心或者不开心的事情中进行深入交谈，才能做到真正高质量的陪伴。

所谓高效陪伴，就是要让孩子在丰盈饱满的爱中成长，让父母在收获幸福的同时，也让整个家庭变得更加温暖而美好。

孩子需要陪伴，也需要独立成长。所以，陪伴的空间和时间要广阔而自由。它可以让孩子感受到在意和疼爱，可以让孩子察觉到舒适和有趣，可以触发孩子的灵魂，可以调动孩子的创造性，可以让孩子友爱、善良，可以让孩子反哺世界，而高效的陪伴正是如此。

陪伴，是一场生动的家庭party，这不是一个人的盛宴，更不是一个人可以完成的。陪伴孩子，也不仅仅是妈妈一个人的职责，而需要全家人为了家中最小成员的健康愉悦的成长做出共同的努力。

努力创造全家人在一起的机会，每月吃一次团圆宴，给孩子陪伴的仪式感。

陪伴孩子时放下手机，不走神、不分心，用关注的爱将孩子包围；给予孩子正向的引导，不溺爱孩子，以身作则，尊重世界、尊重他人，教给孩子融入世界的方法、技巧。

用和睦的家庭氛围，温暖孩子的内心，平等交流、和谐相处，不束缚于"过往经验"而独揽教育孩子的大权。

将孩子当作一个平等的人来对待，适当放手，给予孩子接触世界、做出选择的权力。

高效陪伴，就是一切以孩子为中心、一切以孩子的幸福和成长为目的，但不是掌控孩子，也不是捆绑孩子，更不是舍弃自己，陪伴的最终目标是孩子与家庭其他成员的共同幸福。

在这个美好却又喧嚣的时代，有多少孩子在渴望爱的痛苦中长大，又有多少孩子活在父母的身边却活不到父母的心里去，更有很多孩子活成了父母的提线木偶。

爱是如此重要，而陪伴是爱最重要的仪式。每次饱含爱意的陪伴都能创造幸福，而父母需要做的就是敞开心扉、敞开世界，去爱孩子，去感受幸福。

如何陪伴孩子，才是高效陪伴？

抓好时间管理，把精力花在有效陪伴上

聪明妈妈要从小培养孩子的社交能力

家长陪伴有方法，孩子学习有动力

寒暑假不"放羊"，陪孩子边学边玩

集中时间处理"熊孩子"的常见问题

Part 7 父母再忙，
也要和孩子建立情感联结

Part 8 用心捕捉和孩子的
幸福瞬间

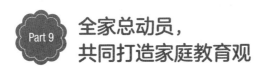

Part 9

全家总动员，
共同打造家庭教育观

Part 1

如何陪伴孩子，
才是高效陪伴？

了解孩子内心的渴望，
发现孩子的奇思妙想

　　了解孩子内心的渴望，比无限满足孩子的物质需求更重要。

　　曾有一位妈妈在微信公众号后台向我求助，她写了很长一段留言："我和儿子的关系让我感到心灰意冷，明明我那么爱他，他想要什么我都买给他，别人家小孩子有的我都买给他，给他报兴趣特长班，每天下班回家，还给他买他最喜欢吃的小熊饼干，可他每次收到饼干总是开心地和奶奶一起分享，从来不问我要不要吃。所以，我今天就问他：'妈妈也要吃小熊饼干，喂妈妈一块可以吗？'谁知儿子竟然气嘟嘟地扭过头喂奶奶吃了一块，还笑得特别开心。我看到儿子这样的做法，顿时一肚子气，就故意拿了他一块饼干，没想到他竟然大哭不止，把饼干摔到地上，趴到奶奶的怀里哭着说：'我不喜欢妈妈，我讨厌妈妈，妈妈是个坏妈妈，我不要妈妈了。'听着这些话，我当时就觉得心好像被掏空了一样，为什么儿子会对我这样，明明我那么爱他。老师，您说这是为什么？"

看到这条留言，我能感受得到这位妈妈的痛苦和焦虑，儿子的冷淡和愤怒对她的伤害很大。从她的留言中，我注意到一个关键词"奶奶"和"明明我那么爱他，他想要什么我都买给他"这句话。

从这位妈妈的留言分析，孩子依赖奶奶的程度要远远大于妈妈，而且似乎还对妈妈存有一定的敌意。其原因可能是这位妈妈"每天上班"，所以陪伴孩子的时间特别少，她以为给孩子一个优渥的物质环境便是最有价值的事，却没有发现孩子内心真正的渴望。

通过和这位妈妈的交流，我发现事情果然如同我推断的那样。这位妈妈大部分的时间和精力都花在了工作上，她觉得"富养"才是对孩子最好也最有利的爱。为了不让孩子输在起跑线上，她便在物质和所谓的兴趣特长班方面"无限付出"，却忽略了孩子成长最需要的一样东西——陪伴。

为人父母的，都以为给孩子一个优渥的成长环境比陪在孩子身边更有价值。事实上，所谓的优渥，不应该只表现在物质上。和睦的家庭、温馨的陪伴才是营造真正优渥环境的根本。如果孩子在幼年时期关于父母的记忆是空白的，那么等孩子慢慢长大了，父母再想和他亲近，就困难多了。

后来，通过和我的交流，这位妈妈意识到孩子对她表现出的抗拒和敌意，是因为自己把很多成年人的想法强加在孩子的身上，忽略了孩子内心真正的需求，才导致了现在的状况。为了改变自己，这位妈妈就经常阅读我的育儿文章，和我讨论如何更好地陪伴孩子成长。通过我的帮助和指导，她和儿子的关系也有了很大的改善。

有一次，她给我留言说："长律老师，我现在特别开心，感觉自己的眼睛能看到一盏亮灯，灯光里裹着儿子的心，又明亮又温暖。现在，儿子和我的关系非常好，每次收到小熊饼干，他会甜甜地对我说：'谢谢妈妈，妈妈是最好的妈妈，比小熊饼干还要好，我最爱妈妈了。'听到这样的话，我就好像掉进了蜜罐里。他也喜欢依赖我了，和我分享他的心事，黏着我给他讲故事，还撒娇说他是我的小熊饼干，要钻进我的嘴巴里，频频向我'勒索'关注。"

看到她的留言，我倍感振奋，因为它验证了我一直坚持传递的理念——陪伴，才是最长情的告白。

孩子的成长就好比鲜花，是有保鲜期的，错过了就再也无法重来。物质永远代替不了陪伴。因为孩子在成长过程中会遇到很多问题，需要有人帮助他，给他启迪，有血浓于水的父母的陪伴，孩子就会变得坚强、变得勇敢。

不仅如此，大多数时候，孩子对我们表现出的"异常行为"，其实都是想要吸引我们的注意力。只不过作为父母，面对孩子尖锐的语言、乖张的行为，下意识地便会采用"权威的手段"去征服孩子，让孩子变成大人眼中的乖巧模样，却没有注意孩子的内心世界。

　　这位妈妈还说："如今，陪儿子的时间是我一天之中最幸福、最开心也最有收获的时光，相比以前，我的情绪更平稳，心态更积极，做事也更有耐心了。教给儿子一件事情前，我会自己先做到，这种改变让我身心俱爽。我也因此总结了一套陪伴心得：早起的时候我会亲吻他、赞美他；下班之后我会主动加入他的小熊部队做游戏；晚饭之后他会钻进我的怀里听我读书、讲故事。更让我惊喜的是，儿子脑袋里装着很多奇思妙想，每一个都极富想象力。这样的改变，是我以前想都不敢想的，高效陪伴真的太有用了。"

学会高效陪伴，
才能融入孩子的世界

曾经有位教育学家这样说过：中国大部分孩子尽管有父母陪伴在身边，但却没有人传递给孩子支持内在心理的正能量。

相较于大人而言，孩子的心灵不仅纯净清澈，而且敏感细腻。他们能很敏锐地感受到父母在陪伴自己时是否用心。

有一位职场妈妈向我诉苦："我儿子今年 6 岁，特别调皮，而且脾气暴躁，遇到一点儿不顺心就又哭又闹，让我非常头疼，我试过各种方法去管教他，但是一点儿用都没有。长律老师，您说我该怎么办啊。"

我问她："能具体聊一聊其中的细节吗，我给你参考参考？"

这句话好像打开了这个妈妈的话匣子，她一股脑地讲了很多她和儿子之间的"爱恨情仇"的故事。

这位妈妈说："孩子 3 岁之前基本上都是由我带的，那时候孩子还是很听话的，我在一旁收拾屋子，就给他玩具让他在一旁玩自己的，他既不哭也不闹。虽然玩够了还是会来缠着我，但只要我稍微哄一哄，亲他两下，摸摸他的脑袋，他就乖乖听话了。"

她继续说道："孩子长到 3 岁的时候，我就把他送到了最好的幼儿园。因为我想重新开始工作，我不想再当全职主妇，每天只能陪孩子、收拾家务，这对于女人来说，就是一种摧残。我跟孩子爸爸仔细商量了这件事，他说只要安排好孩子的事情，就支持我去上班。之后我和孩子爸爸商定，每天由孩子爸爸负责接送孩子，其余时间由我来负责。"

故事讲到这里，问题已经显现出一大部分了，从这位职场妈妈的描述中可以判断，孩子在 3 岁之前，她几乎是寸步不离地照看孩子，但是在这个过程中，为了给自己创造"便利"，她通常都是用"哄"孩子的方式在陪伴。给孩子玩具让孩子自己玩，自己在一旁收拾家务。当孩子丢掉玩具去"缠着"她的时候，这位妈妈理解的是孩子玩腻了，并没有好好去体会孩子行为深处的含义。

爱玩是孩子的天性，孩子去缠着妈妈的时候，其实并不是玩腻了，而是感受到自己被冷落了，在向妈妈"索取"关注。此时，这位职场妈妈虽然亲吻安抚了孩子，但其目的却不是抚慰孩子的情感，而是让他"乖乖听话"。这样的做法，其实已经埋下了孩子日后"哄不住"的祸根。等孩子到了适学年龄，这位妈妈做出了重新上班的决定，她后续的处理方式也很稳妥，但孩子却在三岁到六岁之间发生了"让人非常头疼"的变化，这又是什么原因呢？

我让这位妈妈继续讲下去。她说："在陪孩子这方面我从来没有懈怠过，基本上一有时间就陪在他的身边，他想要什么就给他买什么。孩子爸爸也是如此，按常理说，他应该是比大多数孩子都幸福的，可他还是爱发脾气、爱哭闹，惹急了还动手打我和他爸爸，我实在想不通这究竟是怎么回事？"

我问："那你和孩子爸爸是怎么陪伴孩子的呢，平时都是如何跟孩子相处的呢？"

这位妈妈说："我们把孩子接回家之后，会先让他自己做自己的事情，把老师布置的作业写完，这个过程更让人头疼，孩子从来不配合，不是分心玩玩具，就是问东问西、东扯西扯，除非站在他身边盯着他，把玩具当成奖励，他才肯听话。"

"我和孩子爸爸身在职场，都有各种各样的工作要处理，陪孩子的时间都是一点一点挤出来的，这样已经很累了。可我们还是尽力陪着他，这样还不够吗，还要怎么相处呢？"

这位妈妈讲到这里，所有的问题都已经浮出水面了。孩子的任性、胡闹，实际上都只是为了博得父母的关注而已。孩子的爸爸妈妈看似一直在陪着孩子，却都是低质量的"陪同"。

殊不知陪着并不等于陪伴，假装陪伴远比"缺席"要更无益。孩子是如此的纯洁，他们对父母的爱都是一心一意的，所以能敏锐地察觉到父母的情绪变化。低质量的伪陪伴，就仿佛是在向孩子传达"你在我心里并不重要，即便你黏在我身边，我也会分心去做其他事"。

这种陪伴正是造成孩子越长大越不如意的主要原因。低质量的陪伴本质上就是一种变相失陪。因此，即使父母寸步不离地陪着孩子，孩子的内心依旧是孤独的、缺乏安全感的。想要培养情绪稳定、积极乐观的孩子，父母就要全情投入到陪伴当中，用心聆听孩子的孤独、苦恼、悲伤、快乐……全身心地融入孩子的内心世界，用饱满的爱给孩子创造安全感，以高效陪伴的方式引导孩子心中的正能量。

我告诉那位职场妈妈："很多孩子表面上生活得无忧无虑，每天上蹿下跳、调皮捣蛋，既没有留守儿童的伤痛，也没有贫困孩子的艰辛，但他们内心非常'孤独''焦躁'。因为自己无法排解这些负面情绪，就会无意识地'缠扰'大人。就如同你的宝宝那样，即使有爸爸妈妈陪在身边，却因为不被关注、和父母缺乏爱的交流，而变得敏感尖锐、情绪化、爱闹人。"

那位妈妈仔细思索之后回答道：原来所谓的陪伴，不仅仅是陪在孩子身边，满足孩子的物质需求，最重要的是融入孩子的内心世界，帮助孩子驱逐孤独和苦恼，给孩子带来情感上、精神上的安全感。

"我明白了，长律老师，可是我要怎样才能做到高质量的陪伴呢？"

高质量的陪伴，既不是简单的陪同、严厉的看管，也不是无限度的物质满足，更不是监督和说教，而是一心一意地用心呵护。

要做到高效陪伴，可以从以下三个方面着手。第一，抽出时间，将注意力放在陪伴孩子上。

很多职场妈妈向我诉苦："长律老师，我每天早晨七点起床，洗漱、做饭、上班，晚上加班到十点，回到家孩子都睡了，我根本没有时间陪他，再这样下去，孩子肯定和我越来越生疏，我该怎么办才好啊？"

这样的问题是大多数职场妈妈都会遇到的，我的回答是："尽量在工作和陪伴孩子之间寻找一个平衡点，多把注意力放在陪伴孩子上。你关注什么，就收获什么。如果你想多陪孩子，就提高工作效率，尽量增加陪伴孩子的时间。"

第二，用心陪伴，不敷衍。用心陪伴实际上就是高效陪伴，其关键不在于陪伴时间的长短，而在于是否全情投入到和孩子的相处之中。要做到高效陪伴，妈妈就要放下一切，包括工作、不良情绪和心理压力，不能一边处理其他事情一边陪伴孩子，更不能一边玩手机一边陪孩子。

孩子能敏锐地捕捉到父母的三心二意，一旦他们感受不到爸爸妈妈的重视，就会从内心觉得父母在敷衍他们。如果陪伴达不到养育孩子心灵的效果，就会演变成低质量的陪同。

很多妈妈在陪孩子的时候，内心总会夹杂着各种思绪，婆媳间的嫌隙、夫妻关系中的矛盾、工作中的压力……这些繁杂的思绪会直接影响陪伴的质量，以至于妈妈们看不清孩子行为背后的真实需求，听不到孩子内心的渴望，甚至在孩子满心欢喜地讲述自己某个方面的成果时，妈妈们也就随随便便地敷衍一句："哇，宝贝真厉害……"

第三，寻求方法，主动"打造"高质量的陪伴。对于职场妈妈来说，时间真的是被掰成八瓣在用，不但要忙工作，还要承担家务。经济好些的家庭或是有丈夫分担这些事务的妈妈们能稍微轻松一些，但是大多数职场妈妈的日常状态，都是在工作和家庭之间左摇右摆。

对于全职妈妈来说，时间足够，但应对长久照看孩子需要的精力和耐心是个极大的挑战。日常收拾家务、洗衣做饭，各种杂事琐事，加之解决孩子的各种需求，看护孩子的人身安全、身体健康等各种事情，即便是再有耐心的妈妈，也总有烦躁的时候。所以，寻求高效陪伴的方法极为重要。

我日常有搜寻些可爱的小玩意儿的习惯，并在合适的时间点送给我刚满 7 岁的儿子登登。登登入睡之前，我给他送上毛绒小熊，告诉他这是我从天使那里寻来的朋友，可以守护他快快长大。登登起床的时候，我给他贴上一个眉心贴，告诉他这是对好孩子的特殊奖励，是妈妈的爱心魔法，贴上会幸运一整天。

登登收到礼物之后就会说："妈妈送的礼物是妈妈的影子，妈妈的影子一直都陪在我身边，我做什么都不怕啦。"这样的做法在无形之中就把我和登登没在一起的时间转化成了另类的陪伴，不仅让登登获得了更多的幸福，也能让我更加安心。知道孩子是幸福的、满足的，我的内心就能更强大，也有更多的精力去应对其他事了。

爱自己的妈妈，
才能更好地爱孩子

有人说：每一位妈妈都是一个全能超人，她们上得厅堂、下得厨房，还能带娃持家、赚钱花。为人父母后，我们的时间几乎都被工作和孩子所占据，即使是全能超人，也无法兼顾所有。

几乎每个妈妈都是将自己的时间分成几百份来用。洗衣、做饭、收拾房间，还要照顾老人、关心爱人、陪伴孩子，为了不被社会淘汰，更要在工作上拼尽全力。

妈妈们总是将大部分的时间花在家庭、孩子和工作上，却很少将时间花在自己身上。以至于从有娃开始，妈妈们的压力便越来越大。

对于妈妈来说，陪伴孩子是头等大事。为了能多一些时间陪孩子，很多精致的女性都慢慢地忘记或是拒绝打扮，生活过得越来越粗糙，甚至因为自身压力过大，产生了很多家庭矛盾。埋怨丈夫不理解自己，生气公婆不帮衬自己，痛恨自己没有三头六臂，有时候甚至会迁怒于孩子，责怪孩子不听话，导致陪伴的效率低下，甚至出现陪伴无效的情况。

有一位妈妈曾在粉丝群里这样诉苦："女人怎么就这么命苦，一天从早忙到晚，没精力打扮自己，没时间好好工作，有时上厕所前都要先把孩子哄睡着了。就这样，不仅公婆不待见，丈夫还嫌弃自己。"

这位妈妈的消息后面，不是一连串的"唉"字，就是"社会对女人太残酷"这样的话语，一时间，群里怨声载道。作为女人，我很理解这些妈妈们的心情。我们无法过多地去评论这个社会，但也大可不必过多在意那些世俗的意见。要明白，每一个幸福的女人，都一定是爱自己的；每一个开心的妈妈，都一定有抵抗压力的秘诀。

粉丝群里的宝妈们询问我是怎样兼顾家庭和陪伴孩子的。我笑笑，回复说："先爱自己，才能更好地去爱孩子。先让自己幸福，才能让家庭和谐。"我的秘诀是，安排专属的"断娃"时间，打造属于自己的私人空间。每天下班，我会留出 15 分钟的时间放松身心，到公司楼下的咖啡馆、临近的小公园或者其他合适的地方，自己一个人待一会儿，看看书或者仅仅发一会儿呆，把工作一天之后的繁杂思绪，从体内排出去，然后再回家。回到家，我的第一件事就是放下东西和登登拥抱，一分钟或者两分钟，我抱着登登柔软的身体，抚摸着他的头，把他从我的压力之中清除，制造另类"断

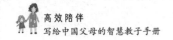

娃"空间。

每周的星期五晚上，我会把登登交给登爸去带。我就抽出一个小时的时间泡澡、敷面膜、听音乐或者放空自己，什么都不想。

这样的时光分外难得，但十分有必要。妈妈们只有先将心里的石头打碎，才能腾出更多的空间去陪伴自己深爱的人。照顾好自己的情绪，减轻焦虑和压力，不要总是把自己逼迫得没有力气去管理自己，这样才能更投入地去探索孩子的内心世界。

断娃时间，不在乎长短，只要机会合适，我们就可以进行"断娃"。孩子午休了，自己也跟着休息10分钟。孩子玩游戏，我们抽出2分钟运动一下身体，做一做眼保健操，深吸几口气，然后再和孩子进行亲子联结。

有一天，家里只有我和登登两个人。晚上的时候，我试着换了一种方式来进行"觉前陪伴"。

我说："腰有点儿痛，不开心了。"登登："妈妈宝贝，我来给你捶一捶。"我："好呀，谢谢登登宝贝。"登登给我捶背的时候，我放了一首舒缓的轻音乐，然后闭上了眼睛，感受着登登的小手在我后背轻轻地捶打。登登一边给我捶背，一边对我说："妈妈，还痛吗？"

我继续撒娇："还有点儿痛。"登登就更认真、更温柔地替我捶起了背。享受着登登的爱护，我心里顿时有一股暖流冲了进来，那时所有的压力和焦虑统统消失了。我觉得我好像是躺在云朵里，软软的、心头暖暖的。

登登捶了一会儿，我怕他累着，就告诉他说不痛了。谁知道登登跑到我面前，捧起我的脸颊，在我的额头上亲了一口，说："妈妈宝贝，这个是有魔力的亲亲哦，被亲到的人可以得到快乐，你是不是快乐起来了？"

望着登登清澈深情的眼神，我感动得无以复加，使劲地点了点头。我们俩对视着哈哈傻笑了起来。

之后登登又说："妈妈，以后我每天都给你捶背，每天都给你魔力亲亲，只要你不开心或者想我了，就把我给你的魔力亲亲拿出来，这样我就会变成彩虹，陪在妈妈身边。"

登登的话当真给了我无穷的力量，而我也更加确认了将"断娃"和"陪娃"融合到一起，可以得到意想不到的效果。

人的一生，自己陪伴自己的时间是最长的。父母和孩子都只会陪伴我们一程，剩下的路需要他们自己走。所以，我们先要守护好自己的灵魂，才能更好地去滋养他们的灵魂。

高效陪伴，
胜过和孩子寸步不离

　　儿童心理学家曾经做过一个调查，调查显示绝大多数让父母苦恼的儿童问题，例如性格暴躁易怒，习惯使用暴力手段或暴力情绪解决问题，沉溺于电子游戏中难以自拔，高需求黏人等，其原因最终都指向一个相同的因素——"陪伴缺失"。更准确地说，应该是父母低质量的"陪同"造成了这些问题。

　　而美国教育界做过的一项研究表明：几乎大部分孩子平均一天只能从爸爸那里得到 7 分钟的陪伴，从母亲那里得到 11 分钟的陪伴。但是参与这项研究的父母都表示，自己是花了大把时间，甚至是寸步不离地陪着孩子的。这就导致了一个让孩子和父母都十分崩溃的状况。父母们觉得我每天不仅要为工作、生活忙碌，更要花费全部的时间和精力陪着孩子，孩子不仅不理解我们的爱，反而变本加厉地折磨我们，还要我们怎么办呢？

　　而孩子觉得更加委屈，我并不是想让你们时时刻刻都盯着我，我只是想开开心心地和你们说说心里话，谈一谈有趣的事情，你们给的根本不是我想要的。

由于父母无法倾听到孩子内心的声音，孩子又不知道怎样去表达，只好不停地调试自己的想法和行为，一步一步试探着父母的反应或者直接挑战父母的"权威"。得不到父母的回应和关注时，就逐渐封闭自己的内心，将心中的真实感情转化为另类的形式，以"出格"的行为排解出来。例如，夜不归宿、上网、打游戏等。

因此，这些问题的根源就在于：父母们不明白，寸步不离地陪着和高质量的陪伴完全是两码事。

爱孩子是父母的天性，孩子永远是父母最大的软肋和铠甲。许多人都将陪伴孩子当作是一件极其重要却非紧急的事情。很多妈妈和我聊天时都表示："我当然知道陪伴孩子是一件十分重要的事情，但是我总要先处理好那些急事，才能抽出时间好好陪他啊。"于是，各种所谓的急事就将本应该用来陪伴孩子的时间一点一点地征用了。

事实上，高效陪伴非常简单，并没有像大多数父母担心的那样"费时、费神、费力"。高效陪伴不需要分分秒秒守在孩子旁边，也不需要紧绷精神去挖掘孩子的想法，只需要把陪伴当成一件愉悦孩子和放松自己的事，每天空出一段固定的时间，全身心地融入和孩子在一起的时光中，就能够做到高质量的陪伴。

例如，下面两件小事就能实现高效陪伴。和孩子一起玩。我现在也是职场妈妈，所以陪伴登登的时间很有限。为了让我的陪伴更高效，我总会挑选登登最感兴趣的游戏和登登一起玩。有段时间登登迷恋木偶戏，我就充当木偶，登登当提偶人，命令我做各种各样的表情，开心的、大笑的、扮鬼脸的，还有捏猪鼻子的，每当我全力做出来，并且说出"我是可爱的木偶人，是小主人的开心果"时，登登总会笑得合不拢嘴。

和孩子分享自己的心事。我会把登登当成小大人，和他讲我白天遇到的一些事，但我并不是将孩子当成宣泄桶，而是挑选一些相对有趣的事情，比如午餐时，一只蝴蝶飞进办公室，趴在了我办公桌的太阳花上。这些总能引起登登的兴趣，顺带我会给他讲解关于蝴蝶的蜕变、关于成长需要经历一些伤痛这些道理。偶尔还会让登登帮我参考，我不开心不想工作的时候该怎么办，登登就会学着大人的神态和语气对我说："做工作可不能偷懒哦，不勤奋的人会变成大懒虫的。妈妈要是太累了，就歇一歇再做。"

听到登登如此体贴乖巧的话语，我心里就像种满了鲜花，又幸福又满足。而登登也能从我的引导中改变自己的行为，更加"以身作则"，好好学习。

这样的陪伴不仅高效，而且不会占用太多的时间，又能同时愉悦妈妈和孩子的身心，使亲子关系变得更为紧密，可以说是"一箭三雕"。

父母陪伴长大的
孩子更自信

教育学上有一个非常著名的词语，叫作"隐性失陪"。所谓的隐性失陪，是针对广泛意义上的陪伴缺失所提出的容易被人忽视的"失陪"现象。

教育学家定义的隐性失陪，特指在儿童养育方面，虽然父母有充足的时间陪伴在子女身旁，但由于缺乏有效沟通，导致陪伴无效，从而给孩子造成思想上和情感上的失陪现象。

隐性失陪最明显的表现形式就是陪伴质量低下。具体表现为：亲子之间感情淡漠、缺乏信任、难以沟通。

教育学家特别指出，长期经受"隐性失陪"的儿童，容易出现性格孤僻、易暴易怒、交流障碍甚至暴力倾向等现象。有调查显示，许多不良青少年或是犯罪分子，造成他们长大后恶劣行为的原因，都与童年时缺乏陪伴和教育有关系，其中不乏衣食无忧、家境优越的孩子。

很多父母都不明白，为什么自己为孩子提供了得天独厚的家庭环境，给他们创造了别人求而不得的高平台，他们却不求上进、自甘堕落，只知道挥霍金钱和光阴。其实大多数父母都被所谓的华美遮蔽了双眼，看不清事情的真相。

很多失足孩子在成长的过程中都忍受着孤独和不安，年少时没有父母陪伴在身边，长大后却要接受他们的监管，他们日后的堕落行为有的是为了宣泄不安，有的是为了反抗监管。可以说，每一个叛逆孩子的背后都有迹可循，造成恶劣后果的原因，很多都是由于这些孩子从小缺少父母的关爱和陪伴，长大后又被强加了大人的思想。

所以，妈妈在养育孩子的过程中要遵守这样的原则：年少时深度陪伴，长大后不过度参与。我们只要在孩子人生中最关键的时候好好地守护在他们身边，陪着他们健康成长，往后的人生，都交给他们自己，不试图掌控他们的人生，规划他们的道路。要相信，只要孩子能够健康地成长，他们便有足够的底气去面对生活的挫折和压力。

我有一个小我 10 岁的侄女梦梦，从断奶开始，梦梦就跟着爷爷奶奶生活，爸爸妈妈常年外出打工。爷爷奶奶很宠梦梦，几乎是把她放在手心里捧着，但是梦梦却内向又胆小。

与其他小孩不同，梦梦几乎不敢和同龄人接触，无论在自己家还是在外边都很少说话，看见有人来就躲到爷爷奶奶的身后。被人推倒不敢还手也不敢哭，只会往爷爷奶奶身边靠，甚至寸步不离地黏在奶奶身边，无论是吃饭、睡觉还是上厕所，都必须要奶奶跟着。

我了解到很多孩子也有类似的情况，其原因不是孩子天生胆小，而是父母不在身边，导致他们严重缺乏安全感。他们不敢也不愿意离开一个自己认为能够保护自己的人，并且，他们也没有足够的自信和勇气去和同龄的孩子相处。

等孩子慢慢长大了，行为却和社会对"大人"的定义不符，此时，父母们又开始着手教育孩子，规划他们的人生，甚至事无巨细地盘问孩子的隐私，不仅惹得孩子反感、叛逆，严重的还会造成亲子关系的破裂。

梦梦15岁的时候，已经出落得亭亭玉立，但性格却和以前截然不同，一点就炸，行为乖张，对拉扯自己长大的爷爷奶奶缺乏耐心，对企图教育自己的父母更是如同仇人一般，总是和他们对着干。

梦梦的妈妈思想传统，认为女孩子就该干干净净、朴素大方。梦梦偏偏不让她妈称意，穿超短裤、吊带裙，化着烟熏妆和一大群所谓的"酷小孩"一起玩耍。她妈对此反感至极，每次梦梦回家都要从头到尾地询问一番。例如：今天在学校上了哪些课，学了什么东西，和哪些人说过什么话都要盘查清楚。

本来就缺乏沟通的母女两个，因为找不到合适的相处方式，几乎一说话就吵架，梦梦说过一句令我印象深刻的话："我小的时候你不管我，我长大了你有什么资格对我指手画脚。你不配做我妈妈，小的时候把我当累赘，长大了把我当提线木偶，正因为有你这样的妈妈，我才变成这个样子。"

不只是我，梦梦的妈妈更是错愕，她一直以为梦梦是因为到了青春期，才会如此叛逆，谁曾想梦梦心里竟然是这么看待自己的。

其实，我完全理解梦梦的所思所想。这个孩子小时候有多缺乏安全感，长大了就有多需要呵护，或者说需要更多、更宽容的呵护。

父母的陪伴和呵护，是孩子心理安全感的重要来源。通常在童年时享受了充足而又高效的陪伴的孩子，在长大之后，他们的情绪会更稳定、更积极，他们的行为大胆却不会逾矩，他们对事物和人际交往会展现出乐观自信的样子。无须父母过多插手他们自己的人生，因为他们有足够的底气和能力去面对自己的未来。

所以，爱他就请多高效地陪伴他。童年时给予他最真切的陪伴、守护；长大后支持他自己迈向人生的道路，接纳他、欣赏他、相信他。

陪伴孩子，
用心也要用脑

高效陪伴不在于时间的长短，重点是所达到的效果。因此，高质量的陪伴不能只停留在陪孩子玩玩游戏、看看书的层面上，更要开动脑筋，有效地走进孩子的世界。总结一下就是，高效陪伴不仅要用心，更要用脑。

所谓用心，不仅表现为时时处处为孩子考虑，更重要的是要用心对待，用三个词语来总结便是：真心、童心和耐心。

一、孩子向你倾诉时，用真心去聆听

想要高质量地陪伴孩子，切实融入孩子的内心世界，首先要保证能全神贯注倾听他的语言，关注他的感受，用真心去换真心，而不是怀有其他想法，试图卷走孩子全部的情感。

二、和孩子一同做游戏时，用童心去陪伴

想让孩子感受到我们的爱其实很简单。妈妈只需要怀着满腔

的热情和专心致志的爱，让孩子沐浴其中便可以了。至于如何做，我们可以根据孩子爱玩爱动的天性，把自己也变成孩子的样子，用和他们一样纯真可爱的童心，陪他们一起去探索世界。

三、孩子学习时，用耐心去启发

真正的用心陪伴永远都是稀缺品，它的价值远远高于长时间却低质量的陪同。尤其是在对待孩子学习方面，妈妈的耐心指导，最能令孩子受益。一个情绪稳定、耐心温柔的妈妈，可以给孩子带来更多的幸福感和安全感。反之，一个喜欢大动肝火、容易情绪失控的妈妈，很难成为孩子学习的榜样和典范。反而会让孩子在耳濡目染之中，变成一个同样暴躁的人。

用心陪伴是高效陪伴的重要表现形式，这需要妈妈用真心倾听孩子的内心世界，用童心和孩子建立亲子联结，用耐心启迪孩子成为有强大精神力的人。

用脑陪伴与用心陪伴相互支撑，才组成了完整的高效陪伴。我将用脑陪伴总结为以下几点。

一、充实自己，不断学习，与时俱进

在如今的数字化时代里，我们一天接收的信息量甚至比百年前的人们一年接收到的信息还要多。如果妈妈们安于现状，很快就会跟不上时代的步伐，甚至落后于孩子的成长速度，不能及时给孩子补充新颖的、正确的知识。

也曾有妈妈问我："我的母亲都没有上过学，也同样把我养得好好的啊。不停地学习真的有必要吗？"我肯定地回复："有必要，十分有必要。"

时代在飞速地发展，科技、经济、教育也都突飞猛进。家长们的文化程度普遍提高，假如我们还是按部就班地教育孩子，不自主加强对自身的投资，就会逐渐被社会淘汰，我们所能给予孩子的从一开始就已经落后于其他人了。所以，妈妈们一定要不断学习，不断充实自己，与时俱进才能更好地培育孩子。

我给妈妈们提出的学习建议是：多看好书；多借鉴身边优秀家长的教育实践；时常反思自己、纠正自己，尤其是在陪伴孩子的问题上，要经常总结有效的陪伴经验，以便更好地提升自己的教育水平。

二、不要企图培养"完美小孩"

我曾经遇到过一位当教师的妈妈，她的女儿聪明优秀，但整个人就像是被精心装扮过的布娃娃。刚刚七八岁的年纪，已经掌握了多项技能。弹得一手好钢琴，古筝也不在话下；会跳芭蕾舞，也精通古典舞；擅长油画，还兼具国画的绝活；会唱歌，会下棋；英语水平远超同龄人，还在礼仪班获尽老师的夸赞。当然，文化课成绩也是名列前茅。

在我看来，这已经是孩子当中的小超人了，可是还是无法达到这位妈妈的要求。有一次，这个孩子考了 98 分，没有达到她理想中的 100 分，这位妈妈便大发雷霆，指责孩子又蠢又笨。她时常挂在嘴边的一句话是："我的孩子绝对要是最出挑的那一个，不能出一点儿差错，我一定会把她打造成最完美的小孩。"

这位妈妈没有意识到她的思想有多可怕，把自己的期望全部强加到女儿身上，丝毫不顾及女儿的感受，这个孩子看起来光芒万丈，可是从她刻板的眼睛里，我没有看到太多的光亮。她确实比一般孩子沉稳、优秀，可她真的幸福吗？这值得所有望子成龙、望女成凤的妈妈们深思。

三、选择孩子喜欢的事情去做

在和孩子建立亲子联结的过程中，完成任务式的陪同孩子是陪伴的大忌。例如规定在某个时间段做某件事，必须玩什么游戏，必须读什么样的书籍等。不管是什么事情，一旦形成死板、固定的模式，孩子就很容易厌倦。

想让陪伴孩子的时光更高效，妈妈可以试着列一个"开心事件"计划表，每次让孩子从表中选出一两个最想做的事情。这样不仅可以挑起孩子的兴趣，还能使亲子互动更加和谐。做什么事情不是重点，关键是要让孩子乐在其中。

全心全意投入到和孩子的相处之中，开动脑筋让孩子快乐起来，你会发现，高质量的陪伴时光能够疗愈的不仅仅是孩子，还有自己。

陪伴的秘密，
每一个妈妈都需要学习

　　作家阿尔文·托夫勒说："在为人父母这个领域，大多数人都是外行。"人们也认为这是理所当然的。哪个人不是先有子女才会逐渐知晓如何为人父母的呢。然而这不就等于没有考取行车执照就开车上路吗？这不仅会危及他人，最终也会累及自己。很多父母也明白这个道理，更为此焦虑，不知如何是好。

　　刚怀上登登的时候，我也时常恐慌，害怕自己无法正确地教养孩子。幸亏有登登爸爸陪在我身边，他告诉我："不必焦虑，也不必为难你自己，你是孩子的妈妈，但你更是你自己。妈妈们最大的误区就是觉得自己理应为了孩子付出牺牲和代价。这种观念伟大但是不够公平，更何况，你如今的难处很可能会成为你日后为难孩子的借口。"

　　我仔细回味了登登爸爸的话，十分认同他的观点。天下的母亲总是为了养育孩子而牺牲自己，付出自己的精力、年华、容貌、身材，来换取陪伴在孩子身边的时间，用自己一生的心血为孩子铺好人生的第一段路程。但是，如此巨大的代价真的值得倡导吗？

之前，一位女演员在节目中说过的一番话在网上引起了巨大的争议。尤其是在妈妈界，更是掀起了一场波澜。

她在谈论到自己如何教育孩子的时候说道："从小到大，他（儿子）每天在吃饭上要花七个小时，我会一直在旁边盯他七个小时，确保他吃的量足够。"她说道，有一次，她的儿子去同学家里吃饭。当她得知儿子同学仅仅只招待他喝了一点儿粥后，认为那家人实在太寒酸了，让儿子受了委屈，从此以后，便不让自己儿子再和那个同学交往了。

她不仅在吃饭的问题上对孩子要求严苛，对儿子的学业抓得更紧。她给儿子报了各种各样的补习班，还亲自守在他旁边看他学习、写作业，甚至威胁儿子说，如果他考试没有考到 80 分以上，就会把他的屁股打开花。

为了能时常陪伴在儿子身边，她舍弃了自己的娱乐活动，关闭了朋友圈，拒绝和任何人吃饭、交际，还放弃了自己的工作。而后从儿子一岁开始，她就不厌其烦地对儿子念叨："妈妈为你牺牲了一切，你可千万不要辜负我。"

然而，她的牺牲和高压政策不仅没有使儿子发展成她期望的样子，反而让他在歧路上越走越远。

她的儿子步入歧途，和她自以为是的"牺牲"脱不了干系。

她过分的控制欲导致儿子常常压抑自己，越来越多的负面情绪被积压在心里。年少时，他出于对母亲的爱和愧疚，甘愿把自己锁在牢笼里。可随着自己越长越大，笼子越来越小，笼罩下来的压力便成了极其危险的东西。当他试图逃离妈妈的掌控时，抑制在内心的东西便失去了控制，以不可控的速度爆发了出来，最终伤人伤己。

妈妈觉得为孩子牺牲了自己，强迫孩子接受自己的奉献是爱孩子、负责任的表现。殊不知自己每一次付出的巨大代价，对孩子来说都是一种无形的压力。孩子爱你，所以即便觉得无助，也会选择压抑内心的恐慌，强迫自己听话、懂事，做妈妈的支柱。但当恐慌和无助累积到一定的程度，孩子幼小的心灵再也无法承受时，妈妈做出的决定，就变成了危及孩子未来的一颗定时炸弹。等到孩子长大，童年时遭受的那些难处，就会逐一显现出来。

陪伴和爱一样，需要适当、适度，过度的操控不仅会对自己造成伤害，更会让孩子为难。牺牲式的陪伴，不仅不会收到好的效果，而且还会加剧妈妈的控制欲。因为经常做出牺牲的人，不管是否心甘情愿，都会下意识地觉得，别人亏欠他，也会在不知不觉间将这些想法表达出来，索要别人的付出来弥补自己。爱孩子并不一定要为他牺牲一切。不管是全职妈妈还是职场妈妈，我们在陪伴孩子的时候，首先应该尊重孩子的意愿，理解他们的感受，从孩子的角度去思考，他们真正需要的是什么。

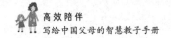

如果妈妈由于陪伴孩子而放弃工作，又让孩子背上"我是为了陪伴你才丢掉工作"的负担，那这种陪伴就得不偿失了。

陪伴孩子并不见得要有所牺牲，高效陪伴哪怕只有几分钟，只要好好地把爱传递给孩子，陪伴就会生效。

Part 2

抓好时间管理，
把精力花在有效陪伴上

职场妈妈要学会的平衡艺术

　　妈妈可以说是这个世界上最辛苦的职业，一年 365 天，一天 24 小时不停轮转，没有工资、任劳任怨不说，有时还要忍受一些生活上的委屈。

　　在"妈妈界"，如果说在陪伴孩子的过程中只是辛苦、辛酸，那也许妈妈们还能扛得住，但最让人难以忍受的却是妈妈们拼尽全力、费尽心血，非但没有成为孩子、家人甚至是自己心中的"好妈妈"，而且也没有成为一个自由潇洒、快乐任性的妈妈。

　　对于妈妈来说，要做到高效陪伴着实不易。全职妈妈虽然每天都能陪伴，但由于各种生活琐事，能够真正起到陪伴作用的时间并不多，陪伴孩子的效率也并不高。

　　职场妈妈既要兼顾家庭，又要忙于事业，所以能够陪伴孩子的时间更是少之又少。且不说工作一天之后耗费的精力已经让职场妈妈身心俱疲，单是不能好好陪伴孩子的焦虑情绪便已经让职场妈妈们焦虑不堪了。

那么，妈妈们，尤其是职场妈妈要怎样才能同时兼顾陪伴孩子和做好工作呢？

我也是一名职场妈妈，曾经也为了事业和孩子而愁到整夜失眠。为了找到可以兼顾陪孩子和工作的方法，我查阅了很多的亲子教育书籍、报名学习了很多关于陪伴的线上课程，最后又通过自身的实践，才总结了以下几种方法。

一、做好时间管理

妈妈要严格把控自己的时间，从早起直到晚上睡觉的那一刻，所有的时间都要安排得明明白白。最好能制作一个时间表，把每周必须要做的任务、需要完成的目标列出来，觉得哪些活动是不必要的，能省则省。还要稍微预留一些时间来应对紧急事件或者留给自己和老公。

把时间"打包"在一起。比如洗漱、化妆的时候设置工作计划；在上班路上听书。尽量在一个时间段同时做几件事情，把每一分钟都利用起来。哪怕是在下班路上小憩 5 分钟都可以。

做任何事情都不要拖延，因为一个小环节往往会破坏你的整个计划。尤其对待工作，要通盘考虑，设定好先后顺序，一定要把最紧急、最重要的事情安排在最前面来完成。要记得，在上班时间拖延一分钟，那么到了下班时间，你的精神放松之后，你可能又

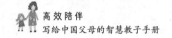

会拖上 5 分钟。 这 5 分钟足够你陪孩子做一个互动游戏了。

提高工作效率是最能节省时间的方法了，工作时全情投入，完成工作之后就会收获非同一般的满足感，它甚至是陪伴孩子都无法替代的。 所以工作时不要去浪费一丝一毫的时间。 努力在上班时间把所有工作都处理完毕。

二、放平心态，不急不躁

每一个妈妈都面临诸多难题，不能高效陪伴孩子造成的心理压力、因为生活琐事和家人产生的嫌隙等都会增加妈妈的心理压力，尤其是各种情绪堆积在一起，滋生的抱怨和烦躁，能将一个温柔有耐心的妈妈变成一个脾气暴躁的怨妇。

所以，妈妈们首先要安抚好自己的情绪，告诉自己，人的精力是有限的，不可能什么事都做到完美，抓住重心就好了。 不要苛求依靠自己能解决一切事情，尽量和家人多沟通，适当将孩子的一部分事情或一部分时间交给爸爸或者爷爷奶奶。 一个分工明确的家庭，更容易创造出适合孩子成长的良好氛围。

三、不在生活琐事上过多纠结

类似于孩子早起喝了几口水，有没有喝牛奶，出门穿了几件衣服，对于这些事不用太过焦虑，有时候随性一点儿未必不好。 被父母管得太宽、管得太多，事无巨细都有父母操心的孩子，往往长大之后更不容易有出息。

四、不要迷信标准

妈妈要跳出所谓的"专家思维"，严格量化的标准会限制你的陪伴效率。比如，一天之中，必须早晨、中午、晚上陪伴多长时间才能够做到高效陪伴……把心态放开，眼光放得长远一些，根据自己的实际情况进行陪伴，就能够减少焦虑，多腾出些精力陪伴孩子。

五、言传身教别唠叨

父母是孩子最好的老师，自己做好了，孩子就会做好。妈妈全身心地投入工作中，那孩子就会学着你的样子全身心地投入学习中。你修炼出来的精气神，会成为影响孩子成长的重要精神食粮。一旦你认真、细心、有毅力，那解决工作上的难题对你来说也绝对不是难事。

六、借助外力

陪伴孩子并不是妈妈一个人的职责，所有的家庭成员都应该参与进来，妈妈也不要试图一个人包揽孩子全部的事。寻求孩子爸爸或者爷爷奶奶的帮助，不用强求他们带孩子的方式和自己一样，只要起到陪伴的效用即可。

可以适当地借助金钱解决一些不必要浪费自己时间的事。比如耗费在挤公交或者挤地铁上的时间，这方面省下来的钱和陪伴孩子相比，真的是微不足道。如果经济条件允许，可以请钟点工替自己处理一些杂事，这样就能多腾出一些时间来陪伴孩子或者谋求职业发展。在自己家附近，寻找一些和自己有差不多大孩子的妈妈，平时一起带孩子玩，讨论育儿心得、陪伴方法，遇到事情时可以相互支援。

抓住黄金时段，
增进亲子关系

美国一所知名研究中心对家长陪伴孩子的有效时间做过统计，数据显示：父母陪伴孩子的有效时间每周需要达到 21.2 小时方才算及格。

但现在多数父母都被困于生活节奏快、工作压力大的牢笼之中，就算深知陪伴孩子的重要性，也难以抽出时间好好陪孩子。

其实，陪伴并不是说一定要达到多长时间才有效果。只要选择好陪伴的时间段和陪伴的方式，与孩子建立情感上的联结和心灵上的共鸣，即便陪伴的时间有限，也可以达到良好的效果。

清晨是一天之中最容易创造美好的时光，也是教育学家公认的最高效的黄金陪伴时间。抓住这个时段进行陪伴，据说可以达到"一分钟顶一小时"的效果。

想让孩子一天拥有好心情，那么在他睁开眼睛的那一刻给予他浓浓的爱意是非常重要的。在孩子起床时与孩子进行亲密互动，最简单、最高效的方法就是带着微笑亲吻孩子的脸颊或额头，说着赞美的话语给孩子一个大大的拥抱，用期许的目光去鼓励孩子主动起床、穿衣。

每天早晨 7 点，我会准时喊登登起床。坐在登登床边，看着他圆嘟嘟的小脸蛋红润润的，我就抑制不住地欢喜，脸上自然而然地就挂起了温暖亲切的微笑。带着笑容，我先是轻缓地揉一揉登登的小脑袋，然后轻柔地对他说："可爱的小天使，快快起床啦，已经 7 点了哦，已经到了宝宝按时对太阳公公说早上好的时候了。"

登登听到我的声音，迷迷糊糊地"嗯"一声，然后扭过身体继续睡。这时候我会把手放在登登的肚子上，轻轻地揉几下，登登怕痒，就会扭动身体护着肚子睁开眼睛看我。我带着微笑抵着登登的额头，用鼻尖蹭登登的鼻尖，然后对他说："呀，这是哪家的小天使啊，长得这么乖巧可爱，不知道是不是个赖床的小懒虫啊。"

登登立马抱着我的脖子，亲昵地蹭我的脸颊，笑嘻嘻地说："是妈妈的小天使，不是个小懒虫。"

我就会顺势捞起登登，把他抱进怀里，说道："那不是小懒虫，是不是早起的鸟儿啊？小鸟儿乖乖，要向太阳公公道早安喽，要张开翅膀快快长大呀。"

登登学着我的样子张开双臂，对着窗户外的阳光说："太阳公公，我是乖乖的小鸟，太阳公公早上好。"

就这样，我和登登开心的一天开始了。紧接着就到了穿衣、洗漱、吃饭的环节了。为了锻炼登登的自理能力，我从他四岁起就开始鼓励他自己穿衣服、穿鞋子。虽然小孩子动作总是慢腾腾的，但是这时正是磨炼他耐心的最好时机。

在等待登登穿衣服的时间里，我一边带着期许和称赞的目光看着登登，一边帮他收拾床铺。登登像个小大人似的，穿好衣服还会拽下衣摆，看着登登那么认真的模样，我心里满满都是幸福。

登登穿好衣服后习惯性地和我对视，这时我就会带着赞赏的目光夸奖他说："登登好棒啊，衣服穿得越来越好啦，登登已经是个小男子汉啦。我们赶快穿上鞋子去刷牙洗脸吧！"

登登接收到我发自内心的夸赞，笑得更欢了："妈妈，既然我已经是小男子汉了，那我就可以保护你了，等会儿吃完饭，我就送你去上班好不好。"

清晨的美妙时光，我总会被登登充满"男子气概"的话语感动到。我也确认了，赞美和期许是可以通过真诚的互动传染并激励到母子双方的。

这段时光虽然短暂，但是只要做到全情投入，从一些小的细节入手，比如说亲吻、拥抱、夸赞的言语、期许的目光，就可以做到高效陪伴，让孩子的一天从晨起就充满了清新和愉快。

当然，为了使得陪伴更加高效，要把控好陪伴的时间，想好每个时间点都要做什么，这样才能在最短的时间内达到最好的效果。

在工作日，我的计划是这样的：7:00—8:00 完成如下 6 件事：

1. 叫<u>登登</u>起床（3 分钟内完成）。

2. 和<u>登登</u>做亲子互动（5 分钟内完成）。

3. 等待<u>登登</u>穿衣洗漱（15 分钟内完成）。

4. 陪伴<u>登登</u>收拾书包（2 分钟内完成）。

5. 进行亲子阅读（15 分钟）。

6. 送<u>登登</u>去幼儿园（10 分钟）。

为了避免某些环节拖延时间，我没有将计划掐得特别细致，也总会预留大约 10 分钟的空白时间，来应对突变的计划。每个家庭的实际情况不同，可以根据自身需要进行调整。关键在于抓住清晨这个黄金时段，增进亲子关系，让孩子从睁开眼睛的那一刻起就感受到来自妈妈的爱和陪伴。

下班后一小时，
听听孩子的故事

很多职场妈妈下班之后都是带着一身疲惫回到家里，在工作中消耗了一天的精力后，回到家原本想放松放松，可是一想到还要做饭、收拾家务、陪伴孩子，就莫名其妙地想要发火，把原本应该用来好好陪伴孩子的时间变成了一场战争。

不是指责孩子不写作业，就是责怪孩子把家里搞得一团糟，要么就责骂孩子把衣服弄得脏兮兮的。

其实，无论是大人还是小孩，从外面回到家里后都需要也应该腾出一两分钟时间来调整自己，深深吸上一口气，把污浊的情绪吐出来。拍拍身上的尘土，在走进家门的那一刹那，撇下压力和烦躁。看见家人的那一刻，一定要微笑着说："我回来了！"

良好的家庭氛围的形成和美好的陪伴就是从这里开始的。下班后的一个小时，应该像松松软软的蛋糕一样，哪怕只尝一点点，也要品出甜蜜。妈妈们回到家中，先不要着急做家务，脱下外套，换好鞋子，就立刻给孩子一个拥抱，抱得可以稍微久一点儿，抚摸孩子的后背，安抚他的同时也让自己宁静下来。妈妈可以什么都不说，只听孩子说话；也可以轻轻地告诉孩子说你想他了，想知道今天这一天他是怎么度过的，都遇到了哪些有趣的事情，有没有不开心。

这时候大多数孩子都会讲起自己的事情，妈妈们此时一定不能着急忙慌地去做其他事情，要耐心地听孩子说完，以全心接纳的态度去面对孩子。

这样做的好处有很多，妈妈们可以休息一下，顺势了解孩子一天的情况，也能及时发现孩子出现的问题，学到了什么东西，和小朋友们相处的情况，有没有遇到不好的事情。妈妈认认真真地听孩子讲述，也更容易走进孩子的内心世界，缓解孩子的焦虑，及时发现孩子遇到的烦恼和问题，充当孩子的知心姐姐，增进亲子关系，妈妈也能迅速进入高效陪伴的状态中。

不仅如此，孩子向爸爸妈妈倾吐心声可以形成一个良性循环。孩子长大之后，遇到事情时不会憋在心里，无形之中也能培养孩子交流沟通的能力，无论是对孩子的性格发展抑或是心理发展，都有很大的益处。

下班后这一个小时的陪伴，如果要达到最好的效果，妈妈们需要掌握以下三点。

首先，设立一个陪伴目标。我设立的陪伴目标是：培养登登的表达能力和逻辑能力。所以在登登向我讲述他在学校里发生的各种事情时，我会先让他按照时间顺序来讲述都发生了哪些事情。之后，再挑选他讲起来最开心、最兴奋或者最苦恼的事情，来和他讨论。

其次，管控好自己的情绪。短期的高效陪伴，最主要的一点就在于妈妈管理自己情绪的能力。

例如，妈妈听到孩子在学校被老师罚站，这时候身为妈妈是担心孩子受了委屈还是担忧孩子太调皮、不听话？面对这种事情，妈妈是找到老师询问情况，把自己的内在情绪传递给老师，还是憋在心里胡思乱想，抑或是选择一种大事化小、小事化了的态度来处理呢？

再者，孩子向你展示他学会折纸飞机了，你是夸赞他聪明，还是挑剔他哪里做得不够好呢？是将赞赏和期许传递给孩子，还是把苛求完美灌输给孩子呢？又或者是把爱和关注深深地融入这短暂的陪伴当中呢？

因此，妈妈要明了情绪管理对陪伴质量的影响，不要忽喜忽悲，更不要随便动怒，凡事三思而后行，多些耐心，仔细听一听孩子的意见，尊重孩子的选择。

最后，把控好陪伴孩子的态度与期望值。由于这一段时间短暂而又仓促，所以多数妈妈或多或少都会带有一些焦虑情绪。比如陪孩子写作业时，孩子有些分心或者写得慢，妈妈们可能就会忍

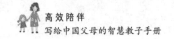
不住批评孩子，甚至会觉得委屈，"我耗费这么多的心血来陪你，你怎么就这么不听话"。

如果妈妈情绪失控，更有可能会说出"你再不听话，妈妈就不要你了"这样伤害孩子的话。

每一个孩子都期望得到妈妈的关心爱护，而不是一味地唠叨和责骂。妈妈对陪伴孩子抱有过高的期望值，一直去拉扯孩子成长，不仅收不到良好的效果，还会拉远自己和孩子之间的距离，让陪伴变得更低效。

想要在下班后的一个小时之内做到高效陪伴，就首先要打开自己的心扉，以温和的心态包容接纳孩子的一切。以全心接纳的态度面对孩子，孩子也会因为父母的宽容而非常期待这样的亲子时光。

睡前的亲子时光，
让陪伴变得有趣

除了周六日，我很少能抽出完整的时间陪伴登登，所以我很珍惜陪在登登身边的每一分每一秒。一天之中，我能陪孩子最长的一个时间段，在19：30—21：30之间。即使两个小时依旧短暂，能够做到的事情也很有限，但是每天设定好陪伴的目标，我的陪伴才取得了不错的效果。

我把这两个小时划分为三个阶段。第一个阶段：增强孩子的自信心和耐心。吃过晚饭之后，我会带着登登去公园里转一转，适当做一些小游戏来促进消化。登登在这个时间段会异常兴奋，会告诉我在学校又学到了什么有趣的知识："妈妈我会跳《小苹果》了（那时候《小苹果》非常流行），我教你跳好不好？"

我："好呀，那登登老师一定要好好教我哦！"登登："妈妈，你伸出胳膊，然后伸开手掌，像我这样扭一扭。"登登做得有模有样，我会故意做错一个动作让他指导我。登登："妈妈，是这样做

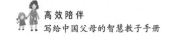
的，你要好好看我的动作哦，慢慢来，不着急。"

登登教得特别认真，似乎非常享受当老师的过程，我就更加乐意配合他了。

我："登登老师，刚才有一个动作我忘记了，你能多教我几遍吗？"

登登："可以的，妈妈同学，你看好我是怎么做的。"登登一边说一边做，还故意放慢了速度给我示范。

看着登登认真又耐心的模样，我似乎又得到了不少快乐，也深深地感到全身心配合孩子去做一件事原来是这么幸福。

其实，培养孩子自信心和耐心并不难。选择合适的方法，尊重孩子的选择，多留给他一些发挥的时间和空间，全力配合他。就比如登登主动提出来要教我跳《小苹果》，不仅可以让他自发温习学过的东西，而且在他教授的过程中，还能磨炼他的耐心、思考力，同时能增强他的自信心。妈妈们还要注意一点，一定要真诚地接受孩子和你分享的知识，即使这个知识再平常，也不能轻视孩子的成绩，慢慢地，孩子就会越来越自信。这个阶段，我计划用的时间是40分钟。

第二个阶段：为孩子创造幸福。在这个阶段，我设定了一个目标，让登登开怀大笑。实现这个目标的方式是和登登做亲密游戏。每次从小公园回去之前，我都会和登登玩"互背"游戏。先是我把登登背起来，我装作是林间的麋鹿驮着小王子去寻找梦想的王国，把登登牢牢固定在背上，让登登搂紧我的脖子，我一会儿加速奔跑，一会儿向上跳起，模拟麋鹿在平地和山地上奔跑的样子。

就这样一个简简单单的小游戏，登登都会笑得特别开心。然后登登就"化身"成白龙马，背着公主妈妈去寻找王子爸爸。我把双手轻轻搭在登登的肩膀上，当作被他背着。登登告诫我说："公主妈妈，要坐稳了，我要带你去找王子爸爸了。"

然后登登就大笑着小跑起来，我们就这样开开心心地回了家，也很轻松地完成了目标。这个阶段，只需要 10 分钟便能完成。

第三个阶段：养成良好的作息习惯。接下来的 70 分钟，是我陪伴登登最关键的时间。回到家，我们洗漱完毕躺到床上，一般在 8：40 左右。这时我会拿出提前准备好的睡前读物，叫上孩子爸爸一起，给登登做睡前阅读。我选择的书大多是少儿版的国学故事或外国名著，也会自己改编一些有爱的故事做资料。

我和孩子爸爸分别扮演不同的角色，我扮演小乌龟，孩子爸爸扮演小白兔，登登扮演评审员，我们进行"龟兔赛跑"。我们会把故事以对话的形式讲出来，还会模拟兔子耳朵或者乌龟爬行，同时把故事讲得浅显易懂，让登登在幸福开心中学到一些道理。

临睡之前我和孩子爸爸分别拥抱登登，一家三口互道晚安。然后我会给登登做一些按摩，给他放松放松身体，捏捏脊背，做做推拿，这时候登登就会惬意地进入梦乡了。

完成上面三个阶段后，差不多是 21：30。两个小时的陪伴时

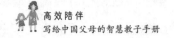
间看似不长，效率却很高。日积月累下来，就能收获良好的成效。

尤其是睡前时光，孩子和爸爸妈妈亲密共处，说一些可爱的悄悄话，共同阅读一本书，享受温馨的拥抱，最容易做好亲子联结。

"瑞士奶酪法"教你
整理零碎陪伴时间

对于很多父母来说，能够抽出一小段时间陪陪孩子就已经是一件很奢侈的事了。

其实陪伴不必非要抽出大块的时间进行。想要尽可能多地高质量地陪伴孩子，妈妈就要学会见缝插针，把一点一滴的时间都充分利用起来。

我在陪伴登登时，就使用了"瑞士奶酪法"来梳理我的时间。"瑞士奶酪法"是由美国时间管理之父阿兰·拉金提出来的，是指在一个比较大的任务中使用"见缝插针"的方法，充分利用零碎时间，而不是消极等待整块时间的出现。用瑞士奶酪来形容这套时间管理法，真的十分贴切。瑞士奶酪上的那些缝隙，虽然看起来很小，实际上可以发挥的空间很大。这也是时间的"长尾效应"，抓住每一个小点，利用等公交、排队、洗衣服的碎片时间去做事，可以轻而易举地多理出一些时间。

因此，妈妈一定要学会"见缝插针"，比如一件小事可以在 2 分钟之内完成，就可以当即着手去做。如果完成一件事的时间多于 2 分钟，则应该计划好再去做。充分利用零散时间能够提升你的做事效率。

有位中意这个时间管理法的英国教授说："我通常会把我的厨房定时器都设定为一小时，从打扫壁橱到批改论文，我把这种方法用在了全部的事情上。这给予我很大的益处，让我能够勇往直前，并且我能够顺利掌握。"

强大执行力的关键，就在于这 2 分钟。打个比方来说，一位职场妈妈下班之后还有一个工作任务没有完成。完成这个任务大约需要 30 分钟的时间，而距离接孩子放学的时间只剩下 20 分钟。她认为无法在这段时间内做完工作，于是便干脆什么都不做，直接等着孩子放学。也就是说，这位职场妈妈在无形中浪费了 20 分钟。

正确管理时间的方式应该是，先利用这 20 分钟构思如何更快更好地完成工作，然后一边总结一边等待孩子放学。等回到了家，再抽出 10 分钟完结任务。对于缺少时间的妈妈来说，理应看好每一段时间的价值，不论这段时间有多短，都要懂得积少成多，形成管理时间的观念。我在长期的实践中总结出了三个管理时间的方法。

一、嵌入式工作法

当我们做完一件工作要开始做另一件事时，中间一定会有一个衔接点。根据每个人不同的做事效率，这个衔接点所占用的时间可能是 5 分钟，也可能是半个小时。而嵌入式工作法就是充分利用这个衔接点所占用的时间。比如写完一篇推文，准备撰写下一篇文稿时，可以趁着转换思路的时间去冲杯咖啡。

二、并列式工作法

这个方法很好理解，也很容易做到。并列式工作法也就是在一段时间里同时做两件事或者多件事。比如，在吃午饭的时候浏览一下文章，在下班回家的路上想一想陪伴孩子的晚间计划。

三、积累式工作法

累积时间完成工作的定义是：巧妙地运用许多个零散时间去处理一件事，化零为整、积少成多。比如，你想写一篇关于 20 世纪 70 年代经典爱情电影的推荐文章，你可以在上班的路上构思一下文章主题，在午饭时间观看一些经典片段，在等公交的时间梳理一下思路。把这些零碎时间累积起来，也能够有效地完成计划。

无论在工作中，还是在陪伴登登时，我都是运用这三个方法来提升时间的价值。比如，我经常会在上班的路上听书，上班之前的 3 分钟把一天的工作安排做成计划表；午饭时间，我会观看一些名师讲授的教育视频；在下班回家的路上，我再把一天发生的事情总结一遍，把不好的思绪从身体里剔除出去，把愉悦的事情多回想几遍，这样到家之后，我就能够用积极的精神面貌去拥抱登登。

给登登洗澡的时候，我会放几首儿童歌曲，有时候会编造一些美丽的童话故事讲给他听。登登很享受这样的时刻，所以，从很小的时候开始他就不排斥洗澡。得益于这种时间管理法则，我每天可以做很多事情，陪伴的空间也被我开发得越来越大，陪伴的质量也越来越高。

我愈加觉得，能够为了孩子拼尽全力，把自己变得越来越好，是一件十足幸运的事。

专属妈妈的
陪伴时间计划表

有位妈妈曾经在微信上向我留言："老师您好，我是一位全职妈妈，最近一年我患上了焦虑症。每天都在围着孩子打转，没时间看书、没时间放松，感觉时间都被孩子占用了，连工作和学习的劲头都快被磨没了，我该怎么办啊？"

这似乎是大部分妈妈都会遇到的一个问题：自从有了孩子，好像全部的时间都耗费在了孩子身上，找不出时间看书学习，更提不起学习的兴趣。

登登3岁以前，我也经历了这样的阶段，时间管理失控。每天工作已经非常累了，下班之后还要陪伴孩子，有点儿时间都要想着孩子是不是饿了，明天该穿什么衣服，我白天没有陪在身边，他有没有遇到不开心的事情，把他交给孩子奶奶照顾能行吗？这些乱七八糟的思绪占据着我的头脑，连放松自己的机会都难以找到，谁还能提得起精神去学习呢？

这样的状况持续了将近 3 个月，我被折磨得习惯性失眠，以至于工作常常出错，陪在登登身边的时候耐不下性子，时常想要发火。登登爸爸也很焦急，虽然尽量帮助我，但情况还是没有太大的改善。我知道根本原因还是出在自己身上。我太过焦虑了，因为做事的效率太低，陪在登登身边的时候甚至还不如一个玩具让他开心。为了彻底解决这个问题，我思考了很久，也学习了很多优秀妈妈的经验，看了很多养育孩子的书籍，最后打造了一个"专属妈妈"的高效陪伴计划表。因为每位妈妈遇到的问题都不同，所以妈妈们一定要根据自己的实际情况来安排计划。我先来分享一下我自己的高效陪伴计划，之后再给大家提一些有效的建议。

我的做法是分列不同的时间表，周一至周五，除却 7 个小时的睡眠时间，我将时间分成了三大板块：工作、陪伴孩子和巩固家庭关系。

首先是工作板块，占据 10 个小时。

每天上下班花去 30 分钟，午饭时间花去 1 小时 30 分钟，其余 8 小时是工作时间。为了充分利用好每一分每一秒，我对这个版块的三段时间都做了详细的规划。

一是上班时间。从出门的那一刻起，就成了专属于我自己的时间。我会放空自己 5 分钟，接着听一段将近 7—8 分钟的读书音频，这时候差不多已经到了公司，我会利用 2—3 分钟的时间做一天的工作安排。

二是工作时间，这 8 个小时我并没有做出特别的计划，基本上是根据每天的工作内容进行调整，然后全身心地投入工作来避免加班的情况。

　　三是午饭时间。我们公司给员工预留了 1 小时 30 分钟时间，用于吃饭和午休。我吃饭的时间是半小时，加上清洁餐具、上洗手间等事情，一共会花去 40 分钟。这 40 分钟之内我的安排是看一段学习视频，基本都是有关亲子教育和提高工作能力的。午饭结束后，我会再利用 20 分钟的时间对刚刚学习的知识进行分析、总结。之后我会进行 20 分钟的午休。最后的时间我会站起来活动身体，看看窗外，接好水，安排下午的工作计划。

　　四是下班时间，大约 15 分钟。这段时间我都是灵活运用的。可能是听听音乐放松一下自己，把一天的劳累、压力用深呼吸的方式清除出去，可能是考虑一下回家之后如何给登登创造更多的新鲜感。

　　然后是陪伴孩子板块：这一板块我划分得极为详细，甚至精确到了分钟。这项计划在上面的章节就已经讲过了。分别从早晨的黄金时光、下班后的一小时、睡觉前的两小时来进行安排。需要特别注意的是，妈妈们一定要根据自身和孩子的情况制订计划。

　　最后是巩固家庭关系板块：这一板块真的至关重要，妈妈们一定要尤为注意。好的家庭氛围不仅可以给孩子创造一个健康积极的成长环境，还可以使亲子关系更加紧密，家人养育孩子的观念更为统一。除此之外，还能让妈妈更加安心地陪伴孩子。

为了做好这一板块，我和登登爸爸、登登爷爷、奶奶磨合了很长时间。在时间分配上，主要是早晨从起来到上班之前的一段时间，以及下班到睡觉之前的一段时间。没有具体到哪一分哪一秒，只是大致规划了内容。

我们家起床时间很统一，登登现在也已经和我们一同起床了，几乎早晨 7 点左右我们全家已经洗漱完毕。之后我们就会互道早安，登登和爷爷奶奶拥抱，然后全家一起做拉伸运动。

运动之后，我们着手做饭，20 分钟之后，全家人乐呵呵地坐在饭桌前，登登喊一声：开饭了。然后大家拿起碗筷，就着香喷喷的饭菜，聊聊天、说说一天的安排，每个人对登登说一句鼓励的话语，再互相传达一下支持。就这样，时光就在温馨和睦中度过了。

最重要的阶段是在晚上，虽然大部分家庭都是以孩子为中心展开联结。但是我依然会划出固定的时间，去和家人做深入交谈。我会真挚地向登登的爷爷奶奶道声谢，说句辛苦您了；会把在工作上遇到的开心的或是烦恼的事讲给他们听；会每天关心他们的身体状况，适时地给他们买衣服、买礼物；也会每天询问他们的心情，发生了什么事，我可以做些什么。对登登爸爸，我们每天都会交流心事，会把对彼此的期待、认可以及不满都表达出来，然后一同探讨解决办法。

这个板块虽然没有进行系统的计划安排，但作为整个高效陪伴的重要一环，着实发挥了至关重要的作用。我们的家庭因此变得更为和睦，摩擦和嫌隙越来越少，每个人都围绕着登登紧密联系在一起。我们对彼此都付出了真心，也都在朝着创造幸福的方向努力着。

也就是说，这个计划表里的高效陪伴针对的不只是登登一个人，这个陪伴涵盖了我们全家人，包括我自己。因为陪伴孩子不是一个人的事，也不是只有孩子才需要陪伴。它需要每个人相互协助、相互支撑才能达到最好的效果。

这三大版块是我工作日的安排，至于周末，虽然时间充足，但变动性大，所以我都是周五晚上才做出详细的计划。

而我对妈妈们的建议是，根据自身的情况进行合理安排，确定目标和任务，设定好时间，将陪伴孩子的时间和个人时间、家庭时间分开，以此来提高陪伴质量，进行时间管理。

聪明妈妈要从小培养孩子的社交能力

培养孩子的同理心，是父母的必修课

　　我经常告诉登登的一句话是：你要相信自己可以改变世界，你的温柔、体贴可以对别人产生积极的影响；你要坚守自己的善良，做个"有情"的人。

　　登登虽然是小孩子，但我一直都给予他平等的地位，和他分享我对世界的感受，既有积极乐观的，还有一些大人们觉得不应该让小孩子知晓的"复杂"的事情，比如，人与人之间的相处之道。

　　每一个深爱孩子的妈妈都希望自己的孩子能够平安、快乐地度过一生，没有烦恼、没有忧虑，所以经常擅自替孩子拒绝一些事情，自以为可以为孩子杜绝伤害，其实在无形中扼杀了孩子成长的可能性。我们都希望自己的孩子阳光善良、成功并且受欢迎，那么，怎样做才能在保护好孩子的同时，让孩子成为一个受欢迎、受尊重的"有情"之人呢？我认为妈妈们首先要培养孩子的"同理心"。

了解孩子的社交圈，留意孩子身边的事。登登答应过我，每天都会跟我分享"登登小故事"。登登会把自己一天中发生的事情，以讲故事的形式说给我听，我就从这些故事中提取信息，了解登登每天在学校里发生了什么事。这是我陪伴登登的计划里非常重要的一环。

我通常会问他："今天在学校玩了新的游戏吗？""你都是和谁一起玩游戏啊？""你们做伴玩了什么呀？"

通过这些问题，很容易了解到孩子一天的状况，并且可以帮助孩子对自己周遭的事情做一个梳理和总结，让他有所思考、有所成长。

从登登讲述的小故事中，我了解到，学校里有的小孩子性格内向，不爱搭理人，有的小孩子爱发脾气、爱扔东西，还有的小孩子喜欢拧人耳朵。登登很不喜欢和这些小朋友一起玩。

这时候，我会顺势启发他："如果有小朋友拧你的耳朵，你会怎么办？""如果有人不理你，你是什么感受？"

通过这些问题，可以让孩子明白，什么样的行为会对他人造成不好的影响，也能让孩子知道将心比心才能和他人友好相处。

让孩子思考别人的想法和需要。有时候我带登登去公园散步，看到有的小孩子在地上打滚或者坐在地上大哭，我就会问登登："你觉得他为什么会这样做啊？你会这样做吗？"

一开始，登登会沉默，或者是简单说一句："他想要玩具。"渐渐渐地，登登会注意一些小细节，他会说："他惹他的妈妈不高兴了。""她很伤心。"不管登登怎么回答，我都会先让他说完，之后再和他一起讨论，以此来确保照顾到登登的感受。只有让孩子感受到被需要的感觉，他才会去换位思考，才会更勇敢地做出善良的举动。

我会问登登："如果你是那个小朋友的爸爸妈妈，你会怎么做来让那个孩子开心起来呢？"利用这样的方式来培养孩子正确回应别人的感受。

培养孩子用自己的方式做个"有情人"。小孩子由于太小，表达能力和语言能力都有限，即使他们很了解对方的感受，也无法用言语表达出来，但是只要他能够用自己的方式去陪伴对方，就已经足够了。

记得有一次，登登和我们的邻居小小一起玩。小小把登登推进了沙子里，因此被自己的妈妈训斥了一顿，小小就站在一边默默地掉眼泪。

我对登登说："小小在哭呢，你有什么办法可以去哄哄他吗？"于是，登登就走过去拉住了小小的手，还替他擦去了脸上的泪水。当小小又开始和登登玩的时候，我又引导小小去关注登登的感受，化解他们的隔阂。

培养孩子的同理心，还有一个至关重要的点——关注并尊重孩子的感受，在保护好孩子情感的基础上，让孩子做个有情人。

一个具备同理心的孩子，他肯定知道自己的想法和感受被人尊重、接受是什么感觉，因此他才会用同样的方式去面对周围的人和事；一个具备同理心的孩子，肯定是善良并且温柔的，无论是对别人还是对自己。他不会推倒别人，不会捉弄别人，而是会牵手示好，会替别人擦去眼泪，因为他既照顾他人的感受，也尊重自己的感受。

教孩子控制愤怒时的
"霸道"情绪

　　孩子发脾气或控制不了自己是家长经常会面对的问题，在孩子激动时家长会发现自己很难和孩子沟通。

　　孩子在成长的过程中，常利用愤怒来对抗情感上或身体上的问题，家长在此时要帮助孩子控制自己的愤怒。让孩子学会控制情绪，家长可以参考以下的建议。

一、倾听孩子的愤怒

　　在聆听孩子表达愤怒的情感时，你就给了孩子空间来排解他的愤怒，并且认真地倾听孩子的讲述，了解他为什么愤怒，而不是他愤怒，你也跟着激动，这样就导致了双方都不高兴。

二、接纳孩子的愤怒

　　只有接受他们愤怒的感受及引起他们愤怒的原因，孩子才有空间去学习同情及应对愤怒的技巧。如果家长拒绝认同孩子的感受，就会不利于建立孩子的自我意识。

三、教会孩子解决问题的技巧

家长要教孩子遇到事情先思考如何解决问题，而不是对事情做出本能的反应，长期下来他身体的神经系统就越能帮助他们控制自己的愤怒。家长可以在孩子发泄完情绪后，和孩子一起探讨"如果你在激动时打人而不是冷静地走开会发生什么？"或"在这种情况下你还有什么选择，你用什么方法才能解决问题？"来帮助孩子更好地控制情绪，解决问题。

四、给孩子制定规则

家长要制定清晰的规则。家长要清楚地规定什么行为能被接受，什么不能被接受。虽然我们尊重孩子的感受，但并不意味着我们能接受他们不好的行为。如打人、扔东西、不尊重人或破坏任何东西。让孩子参与惩罚方式的制定，这样他能更好地遵守规矩。只有控制了孩子的不良行为，你才能给孩子容纳他情感的安全空间。

五、教会孩子放松的方法

教会孩子在激动时深吸气，这样会改变他们应对冲动的方式。多次练习以后就会成为孩子的自然反应了。

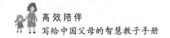
六、赢得孩子的信任

要建立孩子对家长的信任。当孩子哭泣时不要说"别哭了！"而要告诉孩子"我知道你很生气，要是我的话也可能会哭的"，这样说就会把自己放在孩子的一边，他就会更信任你，他会知道无论发生什么他都可以依赖你。如果孩子生气时让你走开，你应该告诉他"我就在旁边，需要我的时候告诉我"。

七、教给孩子识别冲动的信号

当看到孩子太累时或在找碴哭闹时就要及时地让孩子歇息下，不要等到孩子做出冲动的事情之后再干预。孩子自己也要学会识别这些冲动的信号。

教会孩子在冲动时平静下来。可以给孩子一个物品让他愤怒时发泄，一旦孩子的冲动过去了，就要和孩子一起找找冲动的诱因。

八、让孩子学会自我平复

让孩子自己说说他觉得在冲动时，该如何平复自己。如深吸气或把自己的愤怒用画画的形式发泄一下。

九、和孩子建立情感联结

一个生活在良好亲情关系的家庭中的孩子，能更容易控制自己。 这样的孩子也觉得家长是可以依赖的。 所以家长请放下手机，多和孩子在一起吧。

有的孩子无法控制他生气的情绪，愤怒时会用言语和肢体猛烈攻击他人。 面对这样的孩子，很多父母都采用了错误的方式：用愤怒回击孩子的愤怒。 今天，我们就要来谈谈怎样教孩子控制自己的愤怒。

控制愤怒情绪的方法有以下五种。

一、不要以怒制怒

避免用愤怒去回应孩子的愤怒，你的愤怒将会使孩子的情绪发酵扩大，要先学会控制自己的愤怒，以平静、温和的声音响应孩子。 如此你才能引导孩子的行动，同时你也以自己的行为为孩子示范了你希望在孩子身上看到的行为。

二、让孩子不要以愤怒为耻

孩子需要学习到，虽然愤怒的情绪是正常的，但是处理它们的方式却有能被接受以及不能被接受之分。 你可以借由了解孩子生气的原因，来帮助他了解这一点。 通常，只要让孩子知道你了解他的感觉，就能让他平静下来。 比如，如果孩子因为哥哥没问他就把他的脚踏车骑走而生气，他因此而吼叫、咒骂。 请你平心静气地去了解他生气的原因，并且说："我知道哥哥没有问就拿走你的东西，这很让人受挫。"孩子会思索如何回应，这个时间就可以让他发脾气的行为暂停下来。下一步，问一个问题去引导孩子做更正面的思考："你觉得你要如何做才会让他记得要先过问你？"如果他还是很生气，你可以再次提醒他以更正面的方式思考："生气无法解决这个问题，你觉得呢？"你需要陪在孩子身边，并且引导他找出解决问题的方法。

三、让孩子有冷静的缓和带

如果孩子的情绪已经失控，你需要立刻制止他并把他送回自己的房间，让他冷静下来，不要试着在孩子情绪反应最激动的时候处理问题。稍后，当他平静下来之后，你再花时间让他了解，尤其是他做了什么是你并不允许、不赞同的。之后你再通过沟通与孩子约定，让孩子知道如何在将来避免出现这种行为。

四、让孩子明白控制愤怒多么重要

跟孩子谈他生气这件事，告诉他学习如何控制自己的脾气是一件很重要的事。建议他要学的第一件事就是学会在行为失控或口不择言之前控制好自己。提前让孩子知道，当他下次脾气爆发时，你将会帮助他，要求他回到自己房间去冷静下来。告诉他如果当他被要求却没有立即回房间时，他将丧失一天休闲时间的权利，例如讲电话、看电视或者和小朋友们玩。

五、帮孩子制订出一个"生气控制计划"

选一个安静的时间，和孩子讨论关于生气这件事，共同想出当孩子感觉自己情绪失控时他所能做的事。例如，他可以戴上耳机听音乐，到外面玩篮球或者去冲个澡。让他将这些方法写在表格里，并且放在随手可得的地方，当他使用这些方法时要鼓励和支持他。你可以选择一个关键词，让他知道他现在情绪失控并且需要冷静下来；再选择一个关键词代表暂停，给孩子一些时间去调整自己。

如何教会孩子
真正学会尊重

"投我以桃，报之以李"，实际上讲的就是一个相互尊重、相互体恤的问题。尊重他人是一项最基本的品德，是赢得他人尊重和信任的基础，是获得成功的基石。但众多的事实表明，现在大多数的孩子却极度缺乏尊重他人的意识。

梁亮到赵强家玩游戏机。两个孩子正"打"得热闹，赵强妈回来了，她热情地跟梁亮打招呼，可梁亮连头也没抬。赵强妈以为他注意力太集中，也就没在意。过了一会儿，赵强妈把削好的苹果递给他俩，梁亮二话没说，拿起最大的一个就啃。打完游戏后，梁亮又打开赵强的抽屉，说要看看有什么好玩的，弄得一团糟。梁亮走后，赵强妈无奈地说："以后别跟他一起玩了，这孩子不懂得尊重别人，也不懂得自重。"

尊重他人就是在平等和张扬个性的基础上，重视他人的人格、价值观和主动发展的潜能。孩子在家里不尊重父母、长辈的劳动，在外面就可能会不尊重他人的人格尊严。

孩子的自我感觉会随着年龄的增长而变化。在不同的年龄阶段，他们需要不同的支持来建立自尊。

如今，很多小球员脚踩最时髦的球靴，头顶最酷炫的发型，一个个酷似小小职业球员，父母更是宠爱有加，不管表现如何，都不吝赞美之辞。作为父母我们有没有想过，这样做是否有损孩子的韧性？是否过于助长他们的自我意识，会不会影响他们的长期发展？这里面最大的问题是"这是孩子的自尊"还是"这是父母的自尊"。父母一开始只是想让孩子参与一些体育活动，但当孩子展现出一点儿能力的时候，他们就以为自己的孩子会成为下一个超级巨星。这种思想很危险，更有甚者，孩子的每一次进步都被记录在社交媒体上，让所有人都看到，但是，当他们失败时该怎么办？毕竟，他们一定会遭遇失败，这也是成长和学习的一部分。

别忘了，刚开始只是为了好玩……过去，没有那么多有组织的运动项目。父母把孩子送到学校，交给教练照顾，然后就去做自己的事情了。很多比赛都没有人观看、没有人喝彩，孩子们能够纯净地享受和队友一起玩耍的乐趣。

现在，有很多家庭把孩子放在"宇宙中心"，以期他们能在运动中取得一些成就，不管多么微不足道。任何一个崭露头角的年轻运动员，甚至优秀的成年运动员，都不应该对自己所取得的成绩沾沾自喜。作为父母，如果我们想看到我们的孩子不仅在体育上取得成功，而且在生活中同样也能够成功，那么态度和行为就显得至关重要，要让孩子在对待每一件事情时都拥有成长的心态。

作为父母，当我们只会表扬孩子，不断地告诉孩子他们很聪明，只会让他们形成一种固定的思维模式。其结果可能是，当挑战难度越来越大时，他们开始"失败"，当发现自己不那么聪明时，他们就有可能变得消极，甚至选择放弃这项运动。

然而，如果我们换一种思路，赞扬并鼓励孩子为训练付出的努力，我们的孩子也会很高兴接受父母的赞美，会更愿意花时间和精力去学习和训练，提高他们的身体韧性，并帮助他们实现长期而不是短期的目标。

我们需要给孩子们带来挑战，我们也需要承认犯错和失败是学习的一部分，我们自己应该先认识到错误和失败是学习的机会，并教给孩子如何正确地看待错误和失败。

如果我们因为一点点错误或者失败就小题大做，那么，我们的孩子就不会再愿意尝试同样的事情，这样他们便没有办法继续成长和提高。同样，如果我们什么都不做，只是盲目地加油鼓励，成功之路依然会很漫长。

如何让孩子学会
面对嘲笑

嘲笑是我们小时候都会经历的事情，孩子总会因为某同伴和大多数人不一样而被嘲笑。这样的经历会让孩子的心理遭受很大的打击，甚至有些孩子会留下阴影。

家长面对这样的恶言恶语，应该学会劝导孩子正确看待，不要以恶制恶。

一、面对嘲笑需要教给孩子怎么应对

需要教会孩子对自身有一个客观的认识。很多人只是看表面去评价别人，在背后说别人坏话的人不可交。还有人会当面指责你的缺点，这会引起当事人的不快，因此而变得消极的人有很多。可每个人都有缺点和不足，当孩子面对这样的情况时要教他明白自己的优点。把自己的优点作为自信的来源，我们自然就不想去理会这些嘲笑了。

孩子的内心是很脆弱的，他们会因为别人的一句话就使自己幼小的心灵受到伤害。家长需要做的就是帮助孩子变得强大，不是外表而是内心。

很多家长对此有错误的认识，"他们说你坏话你就该揍他们。"这样的行为难道不是承认自己的弱点了吗？清者自清，对待不正当的评价可以忽略掉，我们不屑与这些人计较。

与嘲笑你的人争吵是最错误的决定。试想一下，如果你的力量打在一团棉花上，却没有任何的回应，你还会继续这样的行为吗？

你的不理会自然就让嘲笑你的人觉得无趣，他们以后也不会再有这样的行为了。让孩子把这一切的伤害变为自己前进的动力，做个样子给那些看不起自己的人看看，你比他们强很多。

二、嘲笑如何变为孩子前进的力量

相信大家都听过美国总统林肯的故事。林肯的爸爸是一名鞋匠，小时候他经常会因为爸爸的工作受到别人的侮辱、嘲笑，可是这些都没有让他变得沮丧，反而最终成为一个伟大的人。

因为别人的一句话就被打败的人才是真正的弱者。孩子虽然年纪小，但只要家长能够进行正确的引导，就一定能让他化悲愤为力量，从此不惧艰难、勇往直前。豆豆是个文静的小男孩，在幼儿园常常受到别人的欺负。他每次被人嘲笑后回家都会闷闷不乐，不过豆豆的妈妈很关心他。妈妈会在豆豆不开心的时候和他一起玩，豆豆和妈妈说："小朋友总是笑我长得矮，也不愿意和我玩。"妈妈为了让豆豆多接触小伙伴，给他报了篮球兴趣班，还鼓励豆豆说："我们只是长得晚一点儿，以后一定会超过他们的。""你不要理那些嘲笑你的人，你可以和别的小朋友玩。"豆豆学篮球很快，每天都能得到老师的表扬，对自己也有了自信，慢慢地也没心思去理那些嘲笑他的人了。

孩子的想法很天真，同伴的嘲笑会给他造成很大的困扰，这需要引起家长的重视。

在孩子状态不好的时候记得开导一下他，这样才会让他想通。家长是孩子内心结实的后盾，在孩子脆弱的时候要及时给予他力量，在孩子面对嘲笑时家长要做好引导。

三、孩子被嘲笑的时候，家长要做什么

把自己相同的经历拿给孩子分享，让孩子感受到父母的强大。孩子面对嘲笑的时候，我们可以把他与自己拉到统一的战线上。

给孩子讲讲自己童年时被欺负的经历，以及后来自己是如何解决的，把自己树立成高大的榜样。

如果找不到一样的经历，可以把名人的事迹讲给孩子听，不过，这样的效果自然没有自身榜样的效果好。适当的时候可以给孩子撒个善意的谎言，让他认为父母很强大，对自己也很有信心。

对于孩子的劝解要有耐心。家长在面对孩子难过的时候，要用心地劝导，不要急于求成，一边陪着孩子一边还惦记着自己的工作。这样不仅不能起到劝导孩子的作用，还会因为一时的着急和孩子发生冲突。

在平常给予孩子同等的尊重。孩子受到嘲笑的时候，就是因为同伴不会尊重他，孩子才会因为感受不到尊重而形成心理障碍。

同伴的恶语会让孩子学会以同样的方式待人，很快就形成了恶性循环。良好的家庭教育可以让孩子知道被人尊重的感觉，还可以让孩子明白如何尊重别人。

被人嘲笑并不是一件难以克服的事情，孩子只要有家长的鼓励，就能轻松地跨过这个坎。有时候给孩子心理上的支持要比物质上的支持更有意义，强大的心理支持能让孩子成长为一个有正能量的人。

父母在带孩子的时候，也要注意保护好孩子的自尊心，不要拿孩子的丑事开玩笑，这种行为也会给孩子造成伤害。在父母的关爱下，嘲笑这种小事就不会再阻挡孩子前进的脚步。

妈妈要了解孩子的
社交圈

一、妈妈是孩子的第一个"好朋友"

宝宝社交的第一步从出生就开始了。虽然小小的他躺在那里还不会说话，但是通过哭、目光接触、笑等表情，我们的小社交家完全能和周围的人互动起来：他能模仿周围人的表情，而很快亲友们就能从小家伙的肢体语言信号中"破译"他的需要了。

妈妈、爸爸、保姆或祖辈的抚摸、亲吻、及时的回应，为孩子提供了安全感，让他感觉良好，充满自信。有了这种关爱的保障，小社交家才能安心地去"探索"外部世界，包括与各种各样的人"相遇"，并且建立良好的关系。可以说，合群的第一阶段是在孩子的家庭中完成的，尤其重要的是来自妈妈的爱。

二、尊重孩子从小建立的友谊

无论对大人还是对孩子来说，生活中有一个亲密的朋友都是很

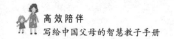

珍贵的。你知道吗，当一个孩子有朋友时，玩的时间会比没有朋友的孩子多出 6 倍，他更容易与人分享，同别人交流的时间会更长。

有些规则可以帮到你。

2 岁以前，孩子们喜欢熟面孔，最好把他与熟悉的孩子放在一起。陌生的孩子会让他们担心。

多组织 2 岁以后的孩子参加偏"动"的游戏，如荡秋千或骑车等，这种活动不仅有利于小伙伴的相遇，而且孩子在这期间的积极互动要比在那些安静的动手游戏 (如搭积木) 中的互动高出很多。

3 岁之前的孩子在和同伴交往时，喜欢有成年人在场。虽然父母不一定要参与孩子间的活动，但要待在孩子能看到的地方。

三、保护自己是基本的态度

孩子间的小冲突，一般不必太认真，放手让他自己在历练中学会交往。但是要注意控制一些极端行为，让他不被过度伤害，也不去伤害他人。如果弱势的一方能够反抗并且懂得保护自己就好，但是如果孩子不会，就需要我们教给他保护自己的方法。

及时闪躲、表达愤怒，甚至在不造成伤害的前提下"还手"也未尝不可。在冲突中保护自己，这也是一种适应社会的方式。

四、做游戏可以提升孩子的社交能力

很多研究都表明，"角色扮演"游戏能帮助孩子提高与人交往的能力。在这些游戏中，玩角色游戏可以给孩子另一个视角，让他站在别人的位置上考虑问题，进而体会他人的感受。

2岁以后，可以和孩子玩一玩角色游戏。游戏之后，你们可以聊一聊："刚才你演的是什么，后来又演了什么？在这几个角色里，你觉得谁最努力，谁最有耐心？"

五、分享要靠后天学习

1岁半以后，随着"自我中心"思维向"社会化"思维的转化，孩子所要学的一项重要的技巧，就是分享。分享是其他友谊建立的基础。

分享并不是天生就会，只有到了3岁左右，孩子才会真正出现分享行为。在学会分享之前，孩子先要知道什么是"我"和"我们"。知道什么东西属于"我"，才能真正学会分享。

分享意味着快乐。硬逼着孩子和别的孩子分享是不现实的，只有孩子清楚了什么能给自己带来快乐，同时他也期待着让别人与他同乐时，分享行为才能真正主动地出现。

六、我接受你的愤怒，但我不允许你打人

两三岁的孩子之间很容易发生冲突：抢玩具、推搡、抓头发，有时甚至会咬人。对这个阶段的"武力事件"，比较合适的态度是接受情绪，引导行为。比如，"我理解你的愤怒，但我不允许你

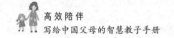
打人。"

如果一个孩子一开始就用打人的手段成功地处理了事情，以后他会更容易用打人的手段来处理其他事情；如果大人的态度不坚决、不明确，孩子打人的行为可能就不能得到有效的遏制。

此外，我们需要让孩子看到一种除了打人以外的处理好事情的方法。比如协商、交换等方式，让孩子学会用语言进行"谈判"。

七、学会欣赏自己

2岁以下的孩子拒绝同别的伙伴玩？这很正常，这个阶段的他可能还没准备好与小伙伴开始正式交往，他还等着你递给他玩具呢，而不是主动参与别的小朋友的游戏！

即使大一些的孩子，你也没有必要亲自出马，"催促"他变成交际明星。一般情况下，孩子要到3岁左右，才能找到一个他喜欢的小伙伴或加入一个小团体。

而且，每个孩子的个性及交往特点都不尽相同，有的孩子朋友不多，但照样很充实、快乐。对这样的孩子，学会欣赏自己、喜欢自己的个性更重要，而没有必要强迫他像别人一样"活跃"。

关键是要多观察，看他自己一个人的时候，是不是感觉也很快乐，能玩得很开心吗？如果是，那你就不必担心，一旦他准备好了，就会和别人一起玩了。

八、合群的本质是尊重别人

一个没有规矩的孩子，在社会交往中也不太容易受欢迎。家长从小就应该给孩子明确界限，这其中就包括不能抢别的小朋友手里的玩具，学会尊重别人，礼貌待人。

事实上，合群最本质的含义就是尊重他人。想想看，随便打断小朋友的谈话，在大家看书的时候高声喊叫，强迫小朋友遵从自己的游戏规则……都会给小伙伴带来不愉快的感受。

父母要让孩子逐渐明白，小伙伴不是玩耍、摆弄和听话的玩具，他们也有自己的愿望和想法。但要记住，教会孩子这一点不是一两天就能完成的，也不要期待立竿见影，你需要持续的努力与耐心。

九、从兴趣入手，更容易找到玩伴

如果你的小家伙不想加入其他小朋友当中，并非表明你的孩子无法和别的小朋友建立友谊，也许只是他不喜欢他们的游戏方式。如果孩子对打打闹闹的游戏兴趣不高，那么可以准备一些安静的游戏，找到在这方面有共同兴趣的孩子，也许会有所突破：融入不了大的群体，在一个小的圈子里，或者玩一对一的游戏应该相对容易一些。给他安排长时间接触一个小朋友的机会，让孩子积累和别人玩的经验。这样，即便他在一个大些的群体里仍然不太适应，但至少有了玩伴，跟别人玩的适应度也会比原来好一些。

善于表达的孩子，
未来都不会差

　　在生活中，我们常常会看到这些情况：有的孩子在家里活泼好动、聪明伶俐，而一旦来到新的环境、接触陌生人就会变得害羞腼腆；有的孩子在学校里独自游戏、自言自语，很不合群；有的孩子与人交往处处逞强，盛气凌人；还有的孩子在遇到熟人时，即使大人强迫其对人要有礼貌，也缄口不语，设法躲避。

　　这些表现其实都反映出孩子缺乏与人沟通的能力。从小培养孩子与人沟通、交流的能力，对于孩子的性格塑造和心理健康都有着非常重要的作用。

　　如今，很多学校也有校园电视台、小记者团等活动，不妨鼓励孩子们多多参与，在提升沟通能力的同时，也能收获丰富多彩的经历。家长与孩子交流的过程，不仅能够培养孩子说话的能力，与他人沟通的习惯，甚至还能够建立孩子的心智模式与行为模式。今天，我想说一个多年前的故事。我有一个干女儿，那时候她大约 8 岁，我闲暇的时候会带她一起出来玩儿。有一次，她的妈妈告诉我，很好奇她女儿为什么喜欢和我玩儿，于是问女儿，女儿说："干妈在我说话的时候不会打断我，有时候等我说完了，会问我：'你说的是不是这个意思。'"直到多年后，当孩子做完皮纹测试之后，我才发现，其实这样和孩子交流的方式，不仅正确而且重要。后来，那个孩子到了青春期，她开始出现人际交往的问题，妈妈觉得她满口脏话，动不动就爆粗口，肯定交不到朋友，可是百思不得其解的是孩子为什么讲话会如此粗鲁。

家里人都是文化工作者，平时没人讲脏话啊，也没有动不动就骂人啊，到底是什么原因呢？于是他们请长期从事青少年咨询的戴文婉老师对孩子进行皮纹测试。原来，孩子的先天智能优势当中，逻辑能力较弱，因此表达的时候不容易很快地连片成段，有的时候甚至会前言不搭后语，再加上前额叶发达，自尊心强，所以话说不清楚时就很着急。小时候说话可能是经常被打断，所以内心很挫败，干脆就不去认真思考如何清晰表达自己内心复杂的情感，而是选择用骂这种比较简单的方式。

这时候，妈妈开始反思，孩子小时候表达不清晰的时候，妈妈就经常打断她，然后说："你想好了再说，不要老是颠来倒去的。"妈妈的不耐烦或许给孩子带来了一定的挫败感，于是，她就开始寻找别的表达方式了。现在回想起来，她当时提到喜欢和我在一起的原因，原来也是一种缺失性的需求啊。可惜当时这样的关键信

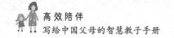
息都被我们疏漏了。

那你或许会问，现在该怎么办，孩子逻辑能力弱，就放任自流了吗？当然不是。在孩子的智能排序中，逻辑稍弱一些，意味着家长不要对她的逻辑有太高的期待，但是，可以训练啊，而且是更有耐心的训练。孩子做皮纹测试时已经 12 岁了，已经开始懂事了。我们应该把实际情况告诉孩子，并且告诉她，如果她希望获得更好的人际关系，就应该在表达上有所注意。

逻辑能力差一些，没关系，我们可以采用这样的方法：想好了再说，就不会说令自己后悔的话；如果没把握，可以先写下来，再说。让孩子知道，慢慢来说比较好。而爸爸妈妈也应该要这样做，不要着急打断孩子，不要给孩子增加挫败感，通过每一次对孩子进步的鼓励，帮助孩子建立语言表达方面的自信。

所以，家长要训练孩子表达沟通的最重要的前提是，先要学会听。你专注地倾听，给孩子带来的不仅是表达能力的提升，更是一种全然被爱的感受，而当一个孩子感觉被深爱着时，她便具有更深刻的自尊与自爱。这些人生中的无形资产将陪伴孩子的一生。

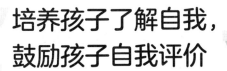

培养孩子了解自我，
鼓励孩子自我评价

　　那是一个天气晴朗的下午。登登突发奇想，说："妈妈，我们来玩王子和公主的游戏吧。"我说："好呀，要怎么玩呢？"登登说："我是王子，妈妈是公主。公主被施了魔法，在城堡里沉睡，王子想要救醒公主，要找到世界上最美丽的花送给公主，公主才会醒来。"

　　我惊讶于登登心中神奇的童话世界，就顺着他的话说："那王子殿下，你要到哪里去寻找最美丽的花呢？"

　　登登说："美丽的花，可能生长在很高很高的地方，可能生长在很远很远的地方，也可能开在太阳里，开在海洋里，还可能长在小鸟的翅膀上。"

　　我说："哇，那王子殿下要怎么找到它们呢？"登登认真地思索了一会儿，说道："要是花开在很高很高的地方，我就坐飞机上去；要是开在很远很远的地方，我就骑着马去；要是花开在太阳里，我就飞到天空的云朵上；我还会摇着小船到海里去寻找那朵美丽的

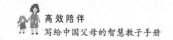
花；我也会和鸟儿交朋友，给它们唱歌来换取花朵。"

登登的小脑袋转得很快，思维奇妙又灵活，我顺势启发他对自己做个评价，说道："可是听起来好难啊，登登还是个小孩子，不会害怕吗？"

登登思索了一会儿："还是会怕的，可是为了营救我的公主妈妈，我要变得勇敢一些，只要我时时刻刻想着公主妈妈，公主妈妈就好像陪在我身边一样，那样我就不怕了。"

看着登登可爱又认真的小模样，我的内心柔软得不知怎么才好。感动的同时，我又有些愧疚，我竟然都不知道登登有这样巨大的情感和力量，更没有好好润养他的内心，我真是不合格的妈妈。

这个下午我收获很多，登登的游戏让我温暖坚强起来，我下定决心要忘我地、全身心地投入到陪伴登登的过程中，与登登一起成长。为了做个合格的妈妈，我不仅要了解我自己，更要了解登登，帮助登登了解自己，鼓励他评价自己。

登登身上有很多很多美好的品质，需要我用心去发掘、引导，而有一些则需要登登凭借自己的努力去塑造、完善，就比如认识自己、评价自己，需要的就是登登自己的力量。让孩子了解自己，需要妈妈为他们创造一些条件，促进孩子的自主性。在孩子发掘自我的过程中，妈妈还需要不断和孩子展开正向、有效的交流，认可、鼓励他们评价自己的成果，然后再提出新的任务，帮助孩子持续不断地成长进步。

一、发现

妈妈要及时且敏锐地发现孩子处于萌芽状态的自主意识和能力。比如，有的小朋友在穿衣服的时候会有自己喜欢的颜色，可能有时候这件衣服并不好看，或者根本不适合孩子穿，但是这是孩子自己的选择，里面包含着他的自主意识和能力，妈妈们对此要有清晰的认知，不要急于反对，这有助于孩子了解自己。

妈妈要懂得鉴别孩子参差不齐的自我意识，并给予正确的引导。很多孩子在成长过程中，由于自我意识逐渐萌发，会出现和家长顶嘴的情况。我们不能全然否定，但也不能任由他们将这种习惯发展下去。

妈妈们只要意识到并接纳孩子的独立见解，再根据实际情况与孩子做好沟通，就能在挖掘孩子独立意识的同时改掉孩子的坏毛病。

二、保护

想要孩子对自己有一个全面、清晰、客观的认知，妈妈们还要保护孩子的主动性，支持和鼓励孩子的行为。就算孩子主动刷碗时将碗摔碎了，妈妈也要先鼓励他的主动性，之后再教他一些行之有效的解决办法。

但妈妈们也要注意，即便是鼓励也要适度，过多的鼓励可能会让孩子心浮气躁，无法脚踏实地地改进自己。鼓励其实也是一种变

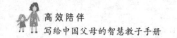
相的期待，这同样会转换成压力，从而影响孩子的主动性和积极性。

三、正确培养孩子的自我认识能力

妈妈们要做有心人，当好孩子的"耳目"。引导孩子正确认识他人心目中的"我"和自己心目中的"我"。

当孩子达成某个目标时，请将你注意到的他神采飞扬的样子传达给他。这些逐渐积累的自我形象会使孩子意识到自己的能力，形成积极的自我评价，并慢慢了解到自己在他人眼中的模样。

而想要让孩子认识自己，并借由他人和自我认知对自己做出一个综合、客观的评价，妈妈们需要帮助孩子强化他们的优秀品质，前提条件当然是用充满爱意和温情的方式来引导孩子。

当孩子在游戏或者学习中收获成就时，会满怀期待地观察周围的反应，这时妈妈可以温柔地对孩子说："宝贝真棒，依靠自己收获了成功。"当他在赞扬中认可了自己的成就时，就能强化这种成就感，形成对自己的正面评价。

当孩子遭遇挫折时，妈妈先不要急着介入，可以先给孩子一些鼓励，让他继续尝试，再给孩子一些示范，引导孩子走入正确的步骤。同时，妈妈也要懂得以退为进，允许孩子经历挫折和失败，这样才能让他对自己有一个全面的认知。

孩子了解自我、评价自我的过程，就是他内省的过程，这个过程可以让孩子取得质的飞跃，对未来的人生发展极有裨益。

Part 4

家长陪伴有方法，
孩子学习有动力

弄清孩子不想学
还是学不会

想要把握孩子的学习情况，需要经过五个步骤：第一，弄清孩子是不想学还是学不会；第二，了解孩子厌学的原因；第三，培养孩子正确的学习方式；第四，锻炼孩子的学习速度；第五，提高孩子的学习能力。

家长对孩子的期待通常很大，最常说的就是健康快乐、幸福成长，但在我看来，这样的期待并不清晰。不清晰的后果并不是没有期待，而是期待太过完美，因此处处都是问题，都是需要解决的问题……

问题来自哪里？问题不一定都是孩子的，问题源于家长对孩子的期待！明确了这点，我们也就能更好地看待和对待孩子的种种不完美了。首先，我们要理清的两个期待是：希望孩子学会上学的科目知识，孩子在知识面前能持续、有韧性地努力。这两件事并不矛盾，但如果只能二选一，您会选择哪个？我个人推荐后者，因为最近的一项研究成果表明，影响一个孩子是否成长、成功的关键因素并非智商和天赋，而是对于事情持续的热情和投入——毅力（Grit）。

所以基于上面的结论，我们能知道鼓励孩子坚持的益处大于表扬孩子，我们是希望孩子能够坚持下去，能对事情有持续的热情和投入。通常来说，孩子做事情，通常不是感兴趣才去做，而是真正做进去了，才会产生真正的兴趣。

因此，不经历一段枯燥时期是很难获得真正的兴趣的。那么，关键问题就在于如何走过枯燥，有一个方法是问一下孩子的偶像（先假设是超人），有时候孩子说太困难了，不会了，已经想了所有方法了，但是可以再问他一下：如果"你最喜欢的超人"遇到这个困难了，你觉得他会怎么做？

这些类似只是套路，孩子自己做不了换位和类比，只能让家长帮着去引导，但根本上在于鼓励孩子重视坚持的过程，降低对结果的评价。

影响孩子是否对自己有信心的关键不在于他客观做对了多少事，而是成功的体验，体验就在于如果他们找到自己进步的点，便会带着很大的信心和热情投入到这件事情当中。举个例子，之前有一位家长跟我说，孩子很不自律，老不写作业。

后来孩子也表示，自己管不住自己……我问她妈妈："孩子一年级时什么样？""几乎没写过作业，现在好不容易坚持了一个星期，又开始不写了……"我对她妈妈说："从来不写作业，到已经可以坚持一个星期，这件事您怎么看？"

五六岁的孩子，在遇到困难时首先选择的就是退缩，他需要的是经验，在积极的经验下他才会慢慢地学会坚韧、努力、自律。

如何给孩子积累经验才是更重要的部分：理清自己的期待，才能更好地帮助孩子，不过分地要求孩子；看到孩子已经做到的部分，给予及时的鼓励比盯着他为什么还是达不到要求要重要得多。

了解孩子
厌学的原因

　　我们发现有的孩子喜欢读书，有的孩子不喜欢读书，只喜欢玩儿，到底是什么原因让同年龄的小孩差距这么大呢？不难发现，良好的家教是孩子爱学习的一个最重要的原因。懂事听话的孩子往往更爱学习；而不听话的孩子，你叫他做什么都会觉得很难。

　　厌学最初是来自对父母的厌烦情绪。一本书，由一个你喜欢的人推荐给你和一个你讨厌的人推荐给你是两种截然不同的感受。学习也是一样。很多孩子不喜欢学习都是因为孩子和父母的对抗所致。因为孩子一开始就认为学习是父母给自己的任务，不认为是为自己而学，所以更可能将学习这一件事当作报复父母的工具。

　　当然，如果你问孩子是不是因为对你有意见所以才不想学习，孩子肯定会说不是，因为这是潜意识层面上的，孩子只能感受到那种不愉快的气氛，然后加之在学习上，而并不会主观地觉得自己讨厌父母的管教跟讨厌学习之间有什么关系。

我的孩子很聪明，就是不爱学习。在日常生活中，孩子因为行为不规范而受到父母的训斥、体罚，而这也会让孩子心生恼怒，在平时就用凌驾于孩子之上的权利及力量压迫、促使孩子听话，孩子因为惧怕，不得不听话，对于这样的父母所要求的"学习任务"，孩子的抵触之心可想而知。

当然，习惯用什么样的方式让孩子听话，很大程度上取决于家长父母辈教育方式的延续，也极有可能是做家长的没有和孩子用心沟通，为了树立威信，从一开始就把双方内心的距离拉得很远，让孩子只能唯命是从，而不是主动地学会懂事。

一个聪明的孩子不爱学习，毫无疑问是被带错了道，孩子明明拥有聪明的头脑，却不愿意用足全力在学习上，用半吊子的心态与父母周旋，这无疑是孩子将"对父母厌烦"这一观念带入到学习中的最好证明。为什么？因为不想让父母如意。

有的家长问：我的孩子现在就是不想学习，就喜欢玩，怎么办？为什么会想去玩，就是因为厌烦，厌烦只能读书的规定，厌烦家长的管教方式，厌烦家长所说的一切指令，所以他对你都不认同了，那么你要他做的事，即便他能很好地完成，也不会愿意乖乖地去完成，久而久之，就会索性和你对着干了，用玩来缓解学习的压力，不懂得节制，所以玩上瘾了，他们又不想听父母的话，最终忘记自己的立场，该干什么已经模糊了，面对学业，一心只想选择他们能够放松的玩乐行为，所以整个心思已经不在学习上了。

所以，也不难想象对孩子学业抱着无限期望的家长在知道孩子成绩没考好以后会是怎样的表现了，孩子知道这一刻的来临，所以会在考试之前的一段时间内承受巨大的心理压力。而这种压力无人倾诉，只能由自己弱小的心智独自承受。

对孩子而言，学习的的确确也是一个无法推脱的"任务"，在孩子看来，父母给自己提供的吃住，掌管着财政大权，面对学习自己只能遵从，从一开始就没有认为这是为自己而学，而是当作父母对自己的要求，包括报的各种兴趣班，孩子可能喜欢的是一些对未来学习和工作毫无帮助的东西：如散打、跆拳道、画画等，而父母最终要求他们去学钢琴、小提琴、奥数等（其实孩子并不喜欢，并且在心里怨声连连），从还没什么学业压力的时候就让孩子开始产生厌学的情绪。

随着这种任务的逐渐增多，孩子的压力必然会像一个端菜的小二手里拿着的盘子一样，当盘子越来越多，重心就不稳了，一个不小心就会打碎一个盘子（某一科没有考好），迎接他们的则是一场狂风暴雨。而经历过洗礼后的孩子对学习的态度也只能是越发的恐惧、不自信，甚至厌恶。

不到位的启蒙教育造成了两极分化。做家长的都知道，在各种性格的孩子组成的环境中成长有好亦有坏。好的是他们可以互相竞争，孩子在形形色色的人群中成长、相处并且相互促进，也有可能让不爱学习的孩子更加团结在一起，成天讨论游戏和一些与学习无关的话题。学校有时候其实是一个比拼的场所，但比拼的是学习成绩，还是游戏里的装备和技术，这取决于家长的引导。

物以类聚，人以群分，孩子会跟什么样的孩子交朋友，家长能事先做出预判。头脑里装有很多知识的小朋友不会喜欢跟墨水空空的同学交朋友，只知道玩的孩子也只能跟没有什么学识，只知道什么好吃、什么好玩的孩子玩在一起。

经常去拜访一些有德行、有文化素养的家长，会发现他们的孩子在很小的时候就接触了儒释道、"四书五经"等，有些孩子甚至对里面的经典名句烂熟于心、倒背如流。再回头看看自家的孩子，啥也不会，就知道吃和玩，这其实不怪孩子，也不怪家长，即便是贫穷家庭出身的孩子，也可以从小去学习这些内容，只是有的家长忙于事业，忘记多给孩子选择一些不一样的成长读物。

一旦孩子从小就接触儒释道、"四书五经"等典籍，不仅仅会更尊敬父母长辈，而且还会知道自己要努力学习来回报父母，从小就知道父母的辛苦，在学习上也会更加地自觉和用心，而在成长过程中完全缺失这方面熏陶教育的孩子就相当的任性，不听父母的管教，在当今社会的家庭中比比皆是，其实孩子听不听话，完全取决于如何引导和教育，而不是父母没有时间管等借口。孩子缺少的是从小就应该引导、培养的正确世界观，一旦形成了良好的世界观、价值观，在学校自然就会学习，而不是人在学校却想着玩乐的事情。

孩子在成长过程中玩得多、学得少，就好像踩跷跷板一样，一边过重，一边过轻，而想学习的时候却因为底子不够，让想玩的心战胜了学习。孩子稍微大一点儿父母就会发现，为什么别人家的孩子那么听话，而自己家的孩子却不爱学习。因为在成长过程中，看不见的教育方式已经在不同孩子的骨子里拉开了距离。

不要让孩子变得不擅长学习。人都是对自己擅长的事情比较感兴趣，比如说生活窘迫的人通过唱歌来宣泄和抒发，发现自己唱歌还不错，所以就喜欢上了唱歌。同样地，孩子不爱学习的其中一个原因就是慢慢发现自己不擅长学习了，跟那么多厉害的同学比起来相差甚远，同时又受到父母的责骂（特别是陪做作业的时候），让本来可以修正一下、再努力向上成长的种子变成像蜗牛一样，触角碰到墙壁就吓得往回缩，所以在学习、探索的道路上走得特别慢，当速度越慢、问题越多的时候，骂声也随之而来。久而久之，孩子对学习越来越恐惧，越来越不擅长，在一次次的失败和父母的苛责之下，孩子最终会走向叛逆，痛恨学习、惧怕学习。

自律的孩子
从不让家长担心学习

如果你的孩子在学习中出现如下问题：

1.注意力不集中，上课容易走神，爱做小动作；

2.学习效率低下，写作业拖拖拉拉，做题慢；

3.记忆力差，单词、课文记不住；

4.不爱读书，或读书慢，理解能力差，缺乏想象力；

5.做题马虎，大题不会做，小题总出错。

那表明孩子的学习方式出现了问题。我外甥女曾经就因为成绩的事情经常让我妹妹头疼，她的成绩在班里一直是中下游水平，数学成绩从来没及格过，英语就更别说了，单词记不住几个，语文还能靠凑字数得点分！我妹这个当妈的心里都要急死了。

每次考完试妹妹都被老师喊去"喝茶"。"上课总开小差，讲过的题一问三不知；背课文别的学生都背熟了，就她记不住，你看看这卷子，有几个对的地方。"班主任这么对妹妹说。

辅导班的老师说这是她基础差、脑子转得慢，课余时间多补补就好了，但是平时双休都用来补课，孩子一点儿休息时间都没有，都有些厌恶学习了，妹妹都不知道该怎么办了！

其实，孩子在学习上遇到难题很正常，不过，如果试过了各种方法，孩子的成绩还是不理想，家长就要考虑自己有没有犯过以下错误了。

1. 凭经验教育，导致孩子不爱学习。不会教，必然导致孩子注意力不集中，学习时心不在焉，甚至染上无节制地玩手机、看电视的坏习惯。

2. 强迫式教学、说教、唠叨、打骂教育，孩子一旦放松，家长就对孩子大呼小叫，让孩子对学习产生抵触心理。

3. 只有批评，没有鼓励，让孩子更加厌烦抗拒学习。教育孩子的本质不是把篮子装满，而是把灯点亮，总"要求"没有用。

孩子在成长过程中如果没有特意去培养学习兴趣，进入小学却还沿用幼儿园的教育方式，必然导致孩子逆反，此时应该调整教育方法，培养孩子的学习方式。

不会学，才导致学不会，学不会，自然成绩差。因此，"补课"不如"补方法"。自律对孩子的影响有多大，你根本想象不到。

班级里的孩子都是同一个老师教，处在同一种学习环境中，难道你就不好奇，为什么你家的孩子学习如此差劲，而别人家的孩子成绩总是名列前茅？

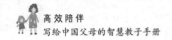
难道只是老师教得不好，老师对你家的孩子有偏见？难道都不从自己孩子身上找原因吗？

要想提高孩子的学习成绩，不但要从日常学习方面提高，还要培养孩子的自律能力，让自律成为他们的生活方式！

如何通过自律来提高孩子的学习成绩呢？可以从以下几个方面着手培养孩子，建议家长收藏起来。

一、坚持锻炼写日记

现在某些老师们为了图方便，导致孩子的一些作业都是通过各种学习App实现的。这些学习App虽然给我们带来了一定的方便，但是却不能很好地代替传统的学习。每天坚持半个小时写日记，或者是阅读，来进行自我思考；复习当天的学习内容，是培养孩子自律能力的一种方法！

二、善于总结、计划

为什么有些学生在学习过程中就像一只无头苍蝇，整天不知道做什么，总是听从老师的安排，导致学习成绩止步不前？这是因为此类学生没有一个良好的学习计划。没有计划就表明你每天做的事都是混乱的，我们在做所有事情的时候，都需要规定一个完成的期限。做到不拖拉才有更多的机会去学习更多的知识。

三、多交益友

多交对自己有帮助的同学，因为他们正向的心态会把你带向更好的人生，甚至让你的整个学习氛围都充满正能量。

四、培养独立思考的能力

孩子要拒接依赖别人，培养自己的独立思考能力，有自己清晰的观点。家长们也不要什么事情都替孩子做好，让孩子形成依赖感，这样的孩子什么时候才能长大？宠爱不是溺爱，家长要督促孩子自己的事情自己做，每个人都是一个独立的个体，你不可能一辈子都陪着他。

告别拖拉，
提高孩子的学习速度

　　许多爸爸妈妈都认为，孩子在小学时期，尤其是一二年级所学的知识是整个小学学习阶段中分量最轻、占比最少的，这时候应该多给孩子一些自由空间，或者趁这个阶段让孩子学习一些其他技能，等到关键时刻再猛抓一把也不迟。

　　要是这样，相信很多爸爸妈妈会在孩子升入三年级时懊悔不已。在一二年级时，孩子正处于浓厚的学习氛围和学习兴趣当中，听话且容易引导。到了三年级，孩子的行为习惯、学习习惯基本已经养成，很多情况下都不再听爸妈的话，而是听从老师的安排和自己的理解。这时候再想把握孩子的学习成绩，通常要付出别人几倍的努力，甚至还不见成效。很多老师都有相同的看法。

　　一二年级时，孩子非常依赖父母，此时也是孩子行为习惯养成的关键时期。

　　三四年级时，孩子从依赖父母渐渐向独立自主转变，此时孩子会积极、主动地接收、吸纳外界的信息。

到了五六年级，孩子已经养成独立自主的能力，此时，孩子会全力吸纳周围的知识。这一时期，爸爸妈妈可以口头教给孩子的东西已经很少了。在这个时期作为家长，能够给孩子提供的学习帮助，大抵就是给孩子提供优良的学习条件和学习空间，再或者就是借助书本向孩子传递知识。

这样看来，家长的努力可以产生效果的阶段就是一二年级了。在这个阶段，孩子对妈妈的依赖是时时刻刻的，无论是在学习中还是生活中，孩子都会觉得父母说的话就是真理。因此，妈妈在孩子一二年级时扮演着极其重要的角色，尤其是行为习惯方面，妈妈要谨慎地"言传身教"。

一年级是孩子学习生涯中的第一个转型期，此阶段也是影响孩子未来学习成绩的第一个关键时期。孩子的学习态度、学习速度、课堂表现，都会直接影响孩子以后的学习习惯。

许多低年级的孩子，由于爸妈的不重视，没有及时认识到学习速度的重要性，因此学习时总会出现不懂得听课、注意力不集中、坐不住、爱打岔等表现。种种不良的学习行为导致孩子成绩跟不上，学习效率低，看到老师总称赞和表扬优秀的学生，孩子开始变得不自信，而这种不自信一旦形成，将很难消除。

那么，在一二年级时，妈妈应该怎么样培养孩子的学习速度呢？

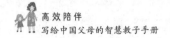

一、保证良好的睡眠，不要熬夜，定时就寝

良好的睡眠可以使孩子积攒足够多的精力应对学习，中外科学家的研究都表明，睡眠充足的孩子往往精力充沛、头脑灵活，在学习中由于精神饱满，不仅学习速度快，也更容易产生有创意的想法，并且这类孩子往往自信心强，有勇气，敢于主动挑战困难。不仅如此，早睡早起、作息规律还可以帮助孩子养成良好的生活习惯、行为习惯。

二、学习时要全神贯注

玩的时候痛快玩，学的时候认真学。一天到晚伏案苦读，不是良策。学习到一定程度就得休息、补充能量。学习之余，一定要注意休息。但孩子学习时，一定要全身心地投入，手脑并用。学习的时候要有陶渊明的"结庐在人境，而无车马喧"的境界，只用手、脑与课本交流。

三、坚持体育锻炼

身体是"学习"的本钱。没有一个好的身体，再大的能耐也无法发挥。因而，再繁忙的学习，也不可放松锻炼。有的同学为了学习而忽视锻炼，身体越来越弱，学习感到越来越力不从心。这样怎么能提高学习效率呢？

四、学习要主动

只有积极主动地学习，才能感受其中的乐趣，才能对学习越发有兴趣。有了兴趣，效率就会在不知不觉中得到提高。有的同学基础不好，在学习的过程中老是遇到不懂的问题，又羞于向人请教，结果导致郁郁寡欢、心不在焉，这样的状态又何谈提高学习效率？这时，唯一的方法是，向他人请教，不懂的地方一定要弄懂，一点一滴地积累，才能进步。如此，才能逐步地提高学习效率。

五、保持愉快的心情，和同学融洽相处

每天有个好心情，做事干净利落，学习积极投入，效率自然高。另一方面，把个人和集体结合起来，和同学保持互助关系，团结进取，也能提高学习效率。

六、注意整理

在学习的过程中，孩子把各科课本、作业和资料有规律地放在一起。待用时，一看便知在哪儿。而有的学生查阅某本书时，东找西翻，不见踪影。时间就在忙碌而焦急的寻找中逝去。我认为，没有条理的学生不会学得很好。

而家长想要提高孩子的成绩，就必须让自己懂得以下几点。

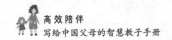
一、培养孩子集中注意力

注意力集中的孩子，不但完成作业比较快，而且质量好、效率高。善于集中注意力的孩子学习起来比较省劲，效果比较好，也因此有更多的时间进行休息，做些娱乐活动。

在小学阶段，低年级学生主要是要养成良好的学习习惯。稳定持久的注意力是学习习惯中最重要的一个方面。

二、给孩子营造安静整洁的学习环境

孩子的书桌上除了文具和书籍外，不应摆放其他物品，以免分散他的注意力；抽屉和柜子最好上锁，以免孩子随时翻动；书桌前方除了张贴与学习有关的公式、拼音表格外，不要贴其他吸引孩子注意力的东西，女孩的书桌上不宜放置镜子；不要让孩子一边看电视，一边做作业。

三、要求孩子在规定的时间内完成作业

有些父母因为孩子的注意力不集中就在孩子身边"站岗"，这不是有效的办法。

长期下去，会使孩子产生依赖心理。应给孩子设置一个合理的时间范围，让孩子在规定的时间内完成作业。同时，父母应该了解，注意力持续时间的长短与年龄有关：5—10岁的孩子是20

分钟，10—12 岁的孩子是 25 分钟，12 岁以上的孩子是 30 分钟。因此，想让 8 岁的孩子持续 60 分钟写作业是不科学的。

四、对孩子讲话不要过多重复

有些父母对孩子不放心，一件事要反复讲好几遍，这样孩子就习惯于一件事要反复听好几遍才能弄清。当老师只讲一遍时，他似乎没听见或没听清，这样听课常使孩子不能很好地理解老师讲课的内容，也就谈不上取得较好的学习效果。

五、训练孩子良好的听力

"听"是人们获得信息、丰富知识的重要来源，会听讲对学生来说是非常重要的。

父母可以让孩子听音乐、听名著音频，鼓励孩子用自己的话描述所听到的内容，从而培养孩子专心听课的好习惯。

六、合理安排学习的顺序

研究表明，开始学习的头几分钟一般效率较低，15 分钟后达到顶点。根据这一规律，可建议孩子先做一些较为容易的作业，在孩子注意力最集中的时间再做较复杂的作业，还可以口头与书写作业相互交替着做。

首先要培养孩子对学习的兴趣，如果他觉得学习内容很枯燥，没有一点儿兴趣，怎么努力效果都不会很好。家长进行此步时一定要有耐心，一点点的进步都会让孩子觉得信心倍增，要适时地鼓励孩子。

当孩子有兴趣之后，你可以买一些辅导资料，但千万不可以买太多，一种学科买一至两套辅导资料就可以了。同时，一定要学会分析孩子的考试成绩，考差了要让孩子自己分析原因，并帮助他查漏补缺。

我觉得最重要的还是靠孩子自己努力，其次是家长的熏陶、影响。在孩子的学习上，作为父母，你是不是有许多这样的困惑？为什么同样的作业、考试，自己的孩子要花比其他孩子多一倍的时间，还老是出错，考不了高分？为什么给孩子请了家教，上了补习班也不管事？同样的老师、同样的学校，凭什么别人家孩子学习成绩好？

我一直认为孩子的教育与学习在孩子越小的时候越好抓起。今天这篇文章主要为大家讲有关小学生方面的教育问题。

首先，孩子的教育跟家长的关系是密不可分的，试想一个爱抱怨、爱打麻将、没有担当的家长如何能教育出来懂事听话的孩子，更不用提帮助学习了。孩子的学习在上幼儿园开始或是小学一年级时，就该重视了。在这个阶段，要重视孩子的读写听说能力，这个时候孩子主要是在认知阶段，家长每天都要和孩子交流所学的知识，巩固加强孩子的认知水平。这个时候，孩子的起跑线都是在一条水平线上的，谁每天对孩子的学习认知巩固加强得好，谁的小孩就在起跑时候领先。

孩子进入小学后，尤其是一二年级的小孩，接触的不只是语文、数学，还有诸如社会、自然、美术等学科，这个时候教育小孩最好的方法就是培养孩子的学习兴趣，可以以美术、音乐等为契机，激发孩子的学习热情，看孩子对哪门科目兴趣高涨，就由哪门科目入手。可以采用渗透的方法，在音乐中渗透数学知识、语文知识等，以点带面，全面激发孩子的学习热情。

随着孩子年级升高，所学内容肯定是逐步加深的，难度也会相应地增加，现在真正的笨小孩已经很少了，但是由于适应能力的不同，就会在很大程度上导致孩子学习成绩参差不齐。适应能力好的孩子，接受新知识的速度就快；适应力不好的，接受能力相对也要弱一些。

这个时候孩子的心理承受能力还是相对较弱的，对学习容易产生畏难情绪，一点没有学好，受到挫折打击后，孩子容易自暴自弃，所以家长一定要做好引导，跟孩子多一些沟通交流，最重要的是倾听，跟孩子一起解决遇到的问题，这不仅仅对孩子的学习有很大的提升，而且对孩子的成长也有很大的帮助。

以上如果在孩子小的时候没有做好的话，孩子成绩差，那么家长就应该找到孩子成绩出现问题的原因，从头开始，从最基础

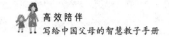
开始，建议找辅导老师，专门每天有针对性地提高孩子薄弱的地方，但是前提是要做好和孩子的沟通，一定是要在孩子愿意的情况下，否则很可能会适得其反。

不咆哮不怒吼，
让孩子爱上学习

为了更好地从事亲子教育工作，我曾在发展与教育心理学领域做过一段时间的儿童心理学研究、教学工作。

在这个过程中，我遇到过很多焦虑的妈妈，她们在陪伴孩子学习的过程中花费了大量的精力，却没有得到满意的结果。孩子的成绩不见提高，亲子冲突还越来越激烈。

才上小学一二年级的孩子，有的家长就已经管不住，每天晚上陪写作业简直就是一场斗智斗勇的"战争"，常常弄得"鸡飞狗跳"。

"孩子一写作业，就开始磨磨蹭蹭，一会儿玩铅笔、找橡皮，一会儿又要喝水、上厕所……经常拖到晚上 10 点还没写完作业。

"每天玩的时候精神抖擞，学习的时候却像关闭了活力阀门，变得浑身都懒洋洋的，好像马上要睡着了一样，没有一点精神。

"以前常用的鼓励、表扬等教育方法越来越不管用，讲道理也不管用，甚至责骂、惩罚都不管用。作为家长，我到底该怎么办？"

你是不是希望孩子能够全神贯注、积极主动地写字、背课文、读英语？你是不是希望孩子能够快速认真地完成作业，有更多的时间去玩耍、去运动、去读课外书、去做有意义的事？你是不是希望孩子能够变得更加自律和坚毅？到底应该怎样陪伴孩子学习，才能让孩子自己爱上学习并主动学习呢？

其实，孩子并不是天生不爱学习的，来看看下面这个小故事你就明白了。

从前，有一个印第安年轻人问智者："我心中有两匹狼一直在争斗，一匹狼凶恶，另一匹狼友善，它们每天都争斗不休，您觉得哪匹狼会赢？"智者说："你喂养的那匹会赢。"

孩子在面对学习时，心中也有两种力量：一种是逃避学习的力量，另一种是想要学习的力量。在这两种力量的较量中，哪一种会赢？当然是爸爸妈妈在陪学中看到哪种力量，强化哪种力量，哪种力量就会成长、就会赢。所以，妈妈要帮助孩子去不断强化想要学习的力量，让它茁壮成长，让它赢。

孩子的内心都想要好好学习，都想要成为成绩最好的那一个。但是在成长的过程中，他的大脑神经功能还没有发育成熟，缺少足够的力量去抵抗学习中的倦怠和挫折，所以他会出现学习问题。但是教育心理学研究表明，小学阶段是培养孩子具备学习能力的最关键时期，一定要对孩子进行有目的地培养。

在这个阶段，如果妈妈迷失在对好成绩的追求中，又用错了方法，孩子就会对学习渐渐失去信心，开始厌学，对学习没兴趣，甚至对生活也失去了兴趣。所以很多初中阶段的孩子来做心理咨询，有的已经网络成瘾，有的甚至就拒绝上学，这时再去培养孩子的学习能力就会非常困难。

所以，家长一定要抓住小学这个关键阶段，让孩子获得较强的学习能力。

在陪学中，我们不能只是简单地催促孩子"快点写"，或者一直唠叨"别走神，集中注意力"，这样只会助长孩子的厌学情绪。家长一定要去主动了解孩子的心理发展特点，运用合适的陪学办法。比如，低年级孩子进入专心学习的状态很难，维持时间又很短，这就需要根据这一阶段孩子的特点，用 20 秒启动法，让孩子的大脑神经"预热"起来；用番茄钟法，让孩子高效集中注意力；用目标分解法，让孩子体会到学习的乐趣；用延迟满足法，像锻炼肌肉一样锻炼孩子的意志力……妈妈们一定要科学地对待孩子成长过程中出现的问题，看到孩子的"困难"，要用对办法，让孩子学得进去，而且在学习的过程中不断得到历练。让孩子在小学这个最关键时期学会学习、爱上学习，他们将终身受益。

从登登上小学开始，陪学的苦与乐让我越来越理解神话学大师约瑟夫·坎贝尔（Joseph Campbell）提出的"英雄之旅"：每一个英雄的成长都不是一帆风顺的，他会遇到挫折、灾难，会因遭遇绝境而踏上旅程，在这个旅程中，会有一个智者带领他突破能力的局限，不断成长。

孩子的学习过程也是这样，每一次的困难和挫折都会激发他成长的力量，而我们家长就要做那个给他指路的智者。同时我们自己也要不断突破教育方法和能力的局限，等到有一天，我们陪着孩子学会学习、爱上学习之后，我们自己的教育智慧也得到了升华，我们也完成了一场自己的英雄之旅。

鼓励和奖赏，
激发孩子的学习动力

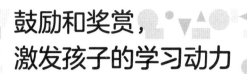

　　很多家长会有这样的困惑：为什么我家孩子做作业、读书总是要推三阻四？甚至会厌学、不喜欢去上学呢？怎么样才能让孩子对待学习就像玩游戏那样主动自觉呢？我相信，孩子天生就拥有自我管理、向好向善的内驱力，不需要培养，只需要家长保护和激发就行了。同样，孩子在学习和做作业上面也是具有自我管理的内驱力的，只要我们给予孩子足够的空间，减少对他们的干扰和打断，让孩子从"要我学"变为"我要学"。

　　这一小节重点提供了在正面管教中多次倡导的方法：多鼓励少表扬，去激发孩子的原动力。

　　表扬是一个人给另一个人美化或满意的定义。斯坦福大学的实践研究发现，表扬对孩子长期成长不利，会造成孩子"寻求认可上瘾"以及抗压能力差。鼓励，即给人信心、勇气，帮助其找到方向和目标。何时给予鼓励：不仅是在人成功的时候，更应该是

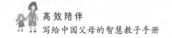

在人失败、遇到挫折时。

鼓励可以让孩子认可自己的努力，而不是只专注于追求完美和取悦他人。

我们听到了杨杨妈妈对孩子说的一些话：

三门功课都是100分！妈妈马上给你买一个最先进的变形金刚！孩子，你真是我的骄傲！

妈妈很高兴你是个听话的孩子！做得好，妈妈喜欢你这样做！你完全按照妈妈说的做了，妈妈感到很欣慰！太棒了，这完全达到了我对你的期望！你真是妈妈的好宝宝！

棒棒棒，你真棒！我们还听到了乐乐妈妈对孩子说的一些话：你付出了努力，这三个100分就是对你努力的最好肯定！孩子，你一定很为自己感到骄傲！这件事完成得不错，你是怎么做到的？这是你自己想出来的，感觉怎么样？怎样做对你最好，由你自己来决定！你已经长大了，妈妈相信你的判断能力！我对你有信心，你一定能从错误中有所收获！宝贝，这件事无论你做得怎么样，妈妈都一样爱你！

杨杨听完妈妈的话，觉得很迷茫，不知道该怎么做才能达到妈妈的要求，为了满足妈妈的期待，可能会去做妈妈希望的那些事情，也会觉得压力很大。

而乐乐听完妈妈的话，会觉得很开心，认为自己是一个内心很有力量的孩子，即使妈妈没有提任何要求，她也会主动去思考，想要做得更好。

当遇到从未做过的事情，乐乐也敢于去挑战，即使知道挑战可能会失败，她也不害怕，在她身上我们看到了勇敢、乐观、坚毅的优秀品质。

我们发现杨杨妈妈和乐乐妈妈都是在说好话，但是两个人的好话是不一样的。杨杨特别有压力，乐乐却特别有力量，更加愿意去尝试。

如果一个孩子从小都是听着"表扬"的话长大的，孩子的压力真的会很大，时间久了，孩子就会变得很在乎别人的看法，要靠别人给自己的评价来获得自己的定位。

如果我们经常鼓励孩子，用鼓励的语言跟孩子说话，孩子会变得特别自信，不会在意别人的评价。当别人把我捧得很高，我也不会"高处不胜寒"，知道自己的能力在哪里；当别人把我贬得很低，我也不会害怕，我也知道自己的能力在哪里。所以，人就会更稳定，情绪和状态都会更稳定。

知道了鼓励和表扬对孩子的影响，我们也需要学习怎样给孩子以鼓励。

一、启发式鼓励

比如说，当孩子考了第一名，我们可以问他"你感觉怎么样？"让孩子把考了第一名和那种"喜悦""满足"的感觉联系在一起，孩子会体会到那种具体的美好感觉是什么样，以后才会自动

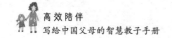
自发地为了这些感觉而继续努力。

也可以问他"你是怎么做到的？"孩子会自己去思考和总结"这个过程中我做了些什么？"把好的方法和经验记录下来，之后也可以继续使用。

二、描述式鼓励

描述式鼓励多以"我看到""我注意到""我观察到"开头，当我们这么说的时候，我们的语言就会像摄录机一样，把孩子的行为都收录进来，这样的鼓励是要描述具体的行为，才会让孩子明白"原来我这么做是有用的"，时间久了，孩子自己也会把注意力都关注在行为上，而不是去关注如何取悦大人。

三、感谢式鼓励

当孩子按照约定完成了某件事的时候，我们不要夸他"真是个听话的孩子"，可以试试这样说"孩子，谢谢你遵守我们之间的约定"，被感谢会让孩子感觉到很受尊重，也会感觉到特别有价值感、有力量，觉得我真行，下次还想做好，这种力量日积月累是非常强大的。

四、赋能式鼓励

在孩子取得成绩的时候，我们不是说"考试成绩不错，你真是咱们家的骄傲"，这样说的时候，家长会觉得很有力量，但是孩子没有力量，因为孩子会把注意力放在家长身上，而不是思考自己要什么，长此以往孩子还会形成"学习是为你学，而不是我要学"，以后没有人在身边这么说的时候，孩子就会无所适从，不知道该做些什么。

可以试试这么说"考试成绩不错，你是不是很为自己感到骄傲"，孩子的感受和学习动力就会不一样，让孩子为自己努力、为自己骄傲，把对孩子能力的信任种进孩子的心里，会激发孩子的内驱力。

当我们听到伙伴们给自己鼓励，和他们的距离就会变得更近，这样我们的归属感就会建立起来，接下来就想把事情做得更好。

这就是鼓励的力量，它貌似不能真的针对性地解决我们遇到的孩子的学习问题，但是鼓励从根本上解决了孩子想要归属感、想要价值感的这一核心问题。

Part 5

寒暑假不"放羊"，
陪孩子边学边玩

用英文说
"I Love You"

　　当代国际性社会拥有前所未有的文化包容性，英语作为国际通用语言，成为各个国家交流沟通的重要桥梁，被各国接纳、学习。

　　为了更好地融入世界、走向世界，中国将英语纳入各个学习阶段的课程之中，并将英语划定为高考的必考科目之一。所以，当代很多父母都很注重培养孩子的英语交流能力，为了让孩子学好英语，从孩子很小的时候就给他们报各种补习班、交流班。

　　很多急于求成的家长，为了能让孩子在最短的时间内学好英语，会给孩子请外教，甚至为此移居国外生活。但是这样做并不一定正确，毕竟每一个孩子都有自己擅长的领域，语言只能代表一个方面，家长应该更多地站在孩子的角度去选择适合孩子的领域。

　　更何况，一个连自己的母语都没有学利索的孩子，小小的脑袋又怎么能在很短的时间内装下一门陌生的语言呢？

当然，语言学习对于孩子的发展成长非常重要，一门外语可以让孩子多收获一项额外的生存技能，所以学习英语有必要也很重要，只不过妈妈们不能太急于求成，可以多给孩子一些学习的空间和时间，让孩子脚踏实地、安安心心地学习。

有一位笔名叫作"月亮妈妈"的业余作家给我以前所在的出版社长期供稿，她是一位高龄妈妈，中年得女。月亮妈妈和她的丈夫都是独生子女，所以两代人都对月亮抱有很高的期望，都希望自己的孩子可以成为人中凤凰。

因此，月亮妈妈在月亮很小的时候就给她报了各种各样的补习班，尤其注重培养月亮的英语交流能力。不仅将月亮送进英文培训班，还给月亮买了很多的辅助学习英文的电子产品以及视频课程。

结果几个月过去，月亮就学会了几个简单的英文字母。月亮妈妈了解到女儿班级的很多小朋友都已经能读出许多动物以及蔬菜水果的名字了，就非常着急。

于是，月亮妈妈和月亮爸爸咬咬牙，花了一大笔钱给月亮请了一个外教老师，并且一口气给月亮报了三年的课程，想着这样月亮就能学得快一些。之后月亮确实有了一点儿小小的进步，但成效甚微，月亮只比以前多记住了几个外国人名，而且学习速度依旧慢得如同蜗牛爬行一般。

通过几次的相处，月亮的英文外教发现了一些问题。这位老师每次见到月亮爸爸和月亮妈妈都会用英文打招呼，不过由于害羞心理，而且平常没有说英文的习惯，月亮的妈妈和爸爸都是用普通话来回应。

然后这位外教老师就对月亮的爸爸妈妈说："你们自己也要常说英文，孩子只有在这种语言环境中待的时间长了，才会激发学习兴趣，并且在潜移默化中提升自己的语言学习能力，这样才能逐渐提高学习速度。"

这位外教老师继续说道："我还发现中国的大多数父母不擅长表达爱，更不会常常把'爱'字挂在嘴边，你们都觉得'爱'这个词让人很难为情。你们知道为什么外国的小孩子普遍比中国的小孩子更开朗，更擅长表达自己的想法吗？因为在他们的小世界里，每天听到最多的三个词语就是'I Love You'。"

外教老师还解释说，中国的部分爸爸妈妈通常会把孩子送进各种补习班，孩子就像一个小机器人。按照父母的安排去完成任务，连走进大自然的机会都少之又少，更别说拥有自主意识，甚至中国的一些小朋友连基本的生活常识都没有，这是多么可悲的事啊。也许爸爸妈妈的出发点是想让孩子更优秀一些，可总是把自己的想法强加给孩子，自己还起不到榜样的作用，只会适得其反，影响孩子的成长。

月亮爸爸和妈妈听完外教老师的一番话后茅塞顿开，他们开始和月亮一起学习英文，并且每天都尝试用新的英文单词和月亮交流。

在平时的日常生活当中，他们说"I Love You"的次数越来越多，尤其是月亮，每天睡觉之前，都会对爸爸妈妈说"I Love You，Mommy""I Love You，Daddy"。月亮妈妈和月亮爸爸也会用英文对月亮说："Goodnight，Baby。"然后三人互相亲吻之后入睡。

不仅如此，月亮妈妈在陪伴月亮时，会用英文单词或者英文短句来描述一些简单的物品。而且月亮妈妈也经常带女儿出去见新的事物，见到小猫就喊"cat"，看到大树就叫"tree"，然后也会教女儿大声用英文读出来。只要有机会，月亮妈妈都会用英语代替平时的语言。

现在，月亮在旁边听到爸爸妈妈在交流自己听不懂的单词时，就会充满好奇，然后主动去问爸爸妈妈刚才说的话是什么意思。在这种浓厚的学习氛围里，月亮受到感染，学习英语的兴趣越来越高，一个月下来就学会了平时半年才能积累的单词量，而且进步飞快，语言表达能力也有了很大的提升，性格也慢慢变得大胆外向起来。

其实，小孩子学外语，难的从来都不是某个语种，而是要用心去学的态度，还有就是父母给予孩子在精神上的支持，而不是简单的物质满足。就像简单的"I Love You"，如果父母每天都讲给孩子听，孩子又怎么能学不会呢？因为这句英文里包含了父母对自己

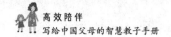
的爱，还有就是无形中父母的陪伴。

　　用爱浇灌的语种想必才是最伟大的语种，也是人类想去学习和接受的语言，无论是中文还是外语，用爱去浇灌和陪伴，每个小孩子都能学得很快，因为这里面有父母的爱和陪伴。

留出与孩子的
共读时光

　　父母的一言一行都隐藏着孩子未来的模样，优秀的孩子背后一定有一对优秀的父母。

　　时常有妈妈问我："都说书籍是人类进步的阶梯，可是怎么让孩子爱上爬这个阶梯呢？"

　　让孩子爱上阅读，方法有很多。我给妈妈的建议是留出和孩子共同阅读的时光。你阅读，孩子才可能阅读。

　　美国知名媒体《纽约时报》刊载过《如何让孩子爱上阅读》的文章，文中写道："很少有孩子会主动爱上阅读，通常都是受到他人的影响，由一个人或是一个动人的故事将他们引入书中的奇妙世界。"

一、先让孩子喜欢上书，帮助他爱上阅读

　　登登出生刚刚六个月时，我便开始念绘本给他听。那个时候，

登登一点儿也听不懂，只是盯着我、盯着绘本看，有时候看着登登那个"认真"的小模样，我能一口气读上一两本。

登登再大一点，我会捧着书把有趣的页面指给他看，登登刚刚学会爬，就在我身边爬来爬去，看到我给他指的画面就会停下来看上一会儿，有时也会自己跑过来把书乱翻一通。虽然登登并没有听我阅读，不过他已经通过翻书表现出了对书的兴趣，这说明距离登登爱上阅读又近了一步。

培养孩子阅读的兴趣一定是从让孩子喜欢上书开始的。宝妈可以在家里中设置一些"图书角"，让孩子可以随时随地接触到书。刚开始时，如果他没有表现出对书的兴趣，宝妈也不要着急。

孩子在一两岁的时候喜欢跑动，看到妈妈读书却跑到其他地方玩儿也很正常。不过孩子跑开，并不代表他丝毫没有听你读书的内容。可能你读到某一个简短有趣的句子，并故意拉长音调时，就会无意间印在他的脑海里。

要想吸引孩子的注意力，宝妈可以尝试用各种有趣的方式去朗读。比如把书中的内容轻声唱出来，或者用模拟动物的声音念出对话，等孩子被吸引过来的时候，就用书里的内容和他互动。

"哇，这本书里的海带好神奇啊。漂亮的绿色都是大海的味道，吃到嘴里还可以放出海洋电影来，真是太奇妙了。"然后我假装咬了一口书里的海带，嚼几下张开嘴巴问登登，你看我嘴巴里有海水，还有很多海带。用这个方法，我成功地把登登吸引了过来。

这种方式是将读书和游戏结合起来，能最大程度地带动孩子参与进来。当孩子逐渐熟悉这种模式之后，就会对书本产生更浓厚的兴趣。

二、在培养孩子阅读习惯的初期，选择哪种书本非常重要

针对不同年龄段的孩子，要选择不同的书籍，最重要的一点是根据孩子的兴趣来选择书籍。有时候我们认为适合孩子的，孩子不一定会喜欢。

记得登登第一次坐下来认真看书的时候，看的是一本育儿绘本。这本书是我购买名家育儿书籍的时候，卖家赠送的。我觉得书的质量不好，就随手扔在了书架上，没想到登登却十分喜欢。

这本被我丢弃的绘本，由于里面有登登喜欢的花鸟虫鱼的图片，反而引起了他浓厚的兴趣。我给登登读过许多荣获了国际大奖的故事书，都没有激起他太大的兴趣。可见，家长喜欢的，孩子不一定喜欢；家长不喜欢的，孩子却未必不喜欢。

我最初给登登购买图书的时候，选择的是绘本。为了买到合适的绘本，我会花费很长时间认真挑选，有时候翻阅过二三十本之后才选到一本合适的。随着登登慢慢长大，我开始带他一起去挑选。

通过一段时间的磨合，我渐渐摸清了登登的喜好，也找到了挑选合适绘本的诀窍。孩子喜欢玩具车，就选择有各种车辆图片的

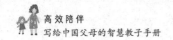
绘本；孩子喜欢美食，就选择有食物图片的绘本。如果孩子把一本绘本反反复复看了很多遍还是爱不释手，那这本书一定值得宝爸宝妈们珍藏。

家长在培养孩子喜欢书、爱朗读的习惯时，切忌"填鸭式"的灌输。过于追求孩子读书的数量而非质量，会适得其反，让孩子对读书产生厌烦和恐惧，更达不到磨炼孩子心智的效果。

孩子喜欢上阅读的过程，其实也是探索世界的过程。如果孩子在起步之初发现这个世界就像是密不透风的墙，没有轻松愉悦可言，那还怎么敢开始呢？

三、父母的喜欢和坚持，可以加深孩子对阅读的兴趣

吉姆·崔利斯在其著作《朗读手册》中描述过一项研究。这项研究检测了一个班级 21 位孩子阅读兴趣的高低，研究内容还对这 21 位孩子的家庭进行了详细的检查。

研究结果如下：父母闲暇时爱看书，孩子爱看书的比率会更高；父母闲暇时爱看电视，孩子不爱看书的比率更高；家中图书数量多的，孩子更爱看书；父母带孩子去图书馆次数多的，孩子更爱看书；父母每天为孩子阅读多的，孩子更爱看书。研究结果表明，父母的行为习惯、阅读习惯对孩子有着极大的影响。

我爱上阅读也是受自己爸妈的影响。我妈妈自小就喜欢给我讲各种各样的寓言故事，也喜欢给我买一些课外书，并经常抽出时

间陪我阅读。

小时候，我特别享受和妈妈共同阅读的时光。我妈妈喜欢拿个小本子摘抄书里的内容，我就有样学样，看到有趣的图片就模仿着画出来，看到美妙的句子也会记下来。到如今，看书时做摘抄，都是我最喜欢的事。把喜欢的句子抄下来，会让我有一种前所未有的满足感，好像这些句子生出了灵魂，变成了我的一部分，时时刻刻滋养着我的内心。

和登登一起读书时，我还会做一些思维导图，他也学着写写画画，并且一边画一边请教我他这样画对不对。孩子是会深受父母影响的，如果我们喜欢阅读，长期坚持阅读，并抽出时间和孩子一起阅读，那孩子怎么会不喜欢读书呢？

好的教育，不是我们教授孩子什么，而是认清自己，用自己的言行把信念传承给孩子，并努力成为孩子的榜样，陪着孩子一起成长进步。

把诗词曲赋
唱出来

　　中华传统文化博大精深，现如今国学已经成为一种潮流，受到世界各国的青睐。诗词曲赋作为中国文化的典型代表，被奉为修习国学的经典课。

　　为了不让孩子输在起跑线上，给孩子增添更多的附加值，很多家长在孩子咿呀学语时便开始教授孩子诗词曲赋。

　　通常孩子在一岁半之后，就可以听懂很多东西了，即便不能理解，但是会进行记忆。此时开始给孩子播放一些词曲来听，可以培养孩子的学习兴趣。

　　中国诗词究竟有多美，没有仔细欣赏过的家长可能领略不到。

　　有次我和登登一起读《诗品二十四则·典雅》，被"白云初晴，幽鸟相逐"这句震撼到，内心庆幸能读到如此美妙的句子。又读《声律启蒙》，文中"春对夏，秋对冬，暮鼓对晨钟。观山对玩水，绿竹对苍松……"这样的词句，不用读出声，单单是看着文字，心中就能显出无限意境。

我很注重培养登登的文学修养，因此就把诗词曲赋当成启发登登的首选。平时陪登登玩游戏的时候，我会时不时念上两句，并且故意摇头晃脑，拉长语调。

登登出现浪费的食物时，我就会叹息着大声朗读："锄禾日当午，汗滴禾下土。谁知盘中餐，粒粒皆辛苦。"登登就会问我说的是什么，我给他讲解诗意的时候，不仅会向他传达要珍惜粮食、拒绝浪费的观念，也顺便勾起了他对诗词的学习兴趣。

我的一位书友是一个3岁宝宝的妈妈，我们经常交谈育儿心得。她告诉我说自己宝宝的班级里有位小朋友，小小年纪就会唱诵100多首诗词歌赋。书友非常羡慕，也想自己的女儿有这样的才华，于是便给宝宝买了许多诗词书本。

书友说："刚开始我信心满满，女儿本来就比很多孩子聪明伶俐，只要我用心教，她一定也可以很快超过那个小朋友。我幻想着我念一句女儿学一句，结果没想到，她全然不买账。无论我怎么劝说，她就是不好好学，还乱改词、瞎打岔。看着我气得吹胡子瞪眼，她在一旁高兴得哈哈大笑。我气急了，没忍住凶了她两句，结果她非但不再继续学，听到我读诗，还把自己的耳朵捂了起来。我现在已经准备放弃了。"作为家长，我非常理解书友望女成凤的心情，我也很希望登登可以拥有很好的学识，可以出类拔萃。但是对于向诗词歌赋这样比一般绘本和儿童书籍难得多的知识，一

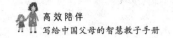

定要用对方法才可以激起孩子的学习欲望。

我反问书友："那你喜欢诗词歌赋吗?""诗词歌赋那么枯燥无味,如果不是要教女儿学习,我根本不会去碰。"

书友的这句话让我明白了问题的根源所在。"己所不欲,勿施于人"对于任何人、任何事都适用。

书友打心眼里不喜欢诗词歌赋,尽管她确实在用心教孩子学习,但教出的感觉也是"灌输、填充",而不是"分享、品味"。这种无趣、生硬的教习方式,又怎么可能让孩子喜欢上诗词歌赋呢?

我将自己的想法告诉了书友,书友思考了很久,最后回复我说会尝试新的方式再试一试。

一周后,书友很开心地给我打来电话说,前几天她无意间听到了王菲唱的《水调歌头·明月几时有》,跟着哼了几句后就迷上了。之后她时不时就会哼上几句,开心的时候更会放声歌唱。没想到女儿竟然也学会了。

书友好像发现了新大陆,既然"唱"诗可以影响到女儿,那为什么不用歌唱的方式把诗词歌赋唱到女儿脑子里去呢?

之后的时间书友只要陪在女儿身边,就会择机哼唱几首诗词。

潜移默化之中,孩子就被诗词浸润了,也渐渐能够接受甚至主动去学习诗词。

书友还分享说:"其实'唱'只是一种学习形式,要想激发孩子的学习兴趣，一定要根据孩子的实际情况去选择。比如，我带女儿去公园看到柳树时，就会唱诵一句'碧玉妆成一树高，万条垂下绿丝绦'。女儿和小朋友分别时，我就会鼓励她将李白的《赠汪伦》唱给她的朋友听……"

书友这种将诗词歌赋唱到孩子心中的"洗脑法"，比灌输式的教学有用多了。哪怕只是两分钟的零碎时间，都可以见缝插针地唱上几句。唱诗不仅可以调动孩子的积极情绪，还可以突破限制，将晦涩难懂的古诗词变得生动有趣起来。这种开放式的教学，很值得家长借鉴。

需要注意的是，尽管诗词文化是公认的优质知识，但也不要强行要求孩子去背诵学习。无论给孩子传输什么知识或技能，重要的是培养他们的兴趣，其次才是传授的内容。

教育的本质是教授知识、培育灵魂。如果我们能将开放式的学习方法、优质的知识内容、良好的教养心态融入教育和陪伴当中，何愁孩子不成龙成凤呢？

爱跳舞的孩子
更爱生活

爱跳舞的孩子更爱生活。爱跳舞的孩子身上总是透着优雅气息和高贵气质，他们对生活怀有热切的追求，比一般孩子更加自信、勇敢。我姑姑家的小孙女囡囡五岁就迷上了跳拉丁舞。没跳舞之前，囡囡还是一个胆怯、爱哭的小女孩。一个月的舞蹈学下来，囡囡就变成了一个走路挺胸抬头、爱笑、爱跳、爱热闹的小姑娘了。

听姑姑说，囡囡上第一节课的时候，舞蹈老师就告诉她，你是世界上最可爱的女孩，是独一无二的，你有自己独特的美，你笑起来的时候眼睛里面好像有星星呢。课上，舞蹈老师教囡囡挺胸抬头站在镜子前对着自己笑。

几天下来，囡囡就开朗了不少。现在，囡囡每天最喜欢的事就是站在镜子前，跳上一段舞蹈。看着镜子里那个自信、明朗的小女孩，姑姑开心极了。姑姑没有想到，只是几支舞蹈，就能让一个瑟缩内向的小丫头有这么大的改变。

其实，任何一个拥有着强烈自信意识的孩子，任何一个拥有自己真心热爱的事情的孩子，他热爱生活的程度都要远高于其他孩子。爱跳舞的孩子往往不只热爱"舞蹈"这门艺术，他们更爱世界这个"大舞台"，他们对生活的期许更高，对自我的要求更高，能更好地适应外界、处理自己和他人的关系。当舞蹈成为孩子生命的一部分时，他们将更容易在热爱的"事业"中树立目标、找到人生方向，未来的生活也将更加充实、热烈。我家隔壁的李老师打小就喜欢跳舞，她身上有股子旁人比不了的干劲，无论是面对生活还是工作，李老师都非常乐观，几次创业失败，都没有将她打垮。

现在李老师开了一家舞蹈培训班，她的女儿白白每天都跟着她一起练习舞蹈。白白跟着李老师对着镜子练习微笑、练习仪态，练习如何与其他舞蹈生共同完成一支舞蹈。

在李老师的影响下，白白小小年纪就已经打下了深厚的舞蹈功底。从4岁起，白白就开始参加各类少儿舞蹈比赛，两年内获得了三次冠军、五次亚军……白白靠自己赢得了底气，成为父母最大的骄傲。

白白和李老师一样，把舞蹈当成生活的一部分，专心跳舞、用心生活。在外人眼中，这对母女总是朝气蓬勃，洋溢着自信和热情。最开始，我也是被李老师这种气质所吸引，于是报名参加了她的亲子舞蹈训练班，时常带着登登去学习街舞，也因此和登登培

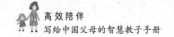

养出了共同的兴趣爱好。

舞蹈是通向大舞台的钥匙，它是链接生活和外界的媒介，爱跳舞不一定就会让孩子的生命辉煌起来，但一定能对孩子产生积极的影响，让孩子拥有走向世界的信心和勇气。

当然，让孩子热爱生活的方式多种多样，既可以是舞蹈，也可以是绘画、乐器。而培养孩子的兴趣主要是为了让孩子多拥有一项融入世界的技能，但是影响它的关键点是妈妈的参与。

蓝蓝妈是我的一位忠实粉丝，为了能教育好蓝蓝，她经常和我沟通育儿方面的要点，和我一样，蓝蓝妈对"陪伴是最好的教育"这一理念深以为然。

蓝蓝妈每周花两天的时间陪蓝蓝去享受大自然。有一次，蓝蓝妈和几个好朋友在郊外组织了一场户外活动，他们到了一个遍地都是薰衣草的地方，很多小孩子看见漂亮的花都各自玩耍去了，只有蓝蓝对着花海说道："风是花香的腿，它最喜欢围着人跑。"

几个朋友都觉得很惊讶，七八个孩子就蓝蓝说出了这样的话。几位妈妈纷纷赞叹蓝蓝的想象力和观察力。蓝蓝妈说："我经常陪蓝蓝去触摸大自然。我们去看过乡村的各种农作物和动物，看过日升日落，观察过春夏秋冬树叶的变化，和蓝蓝爷爷一起在树林摸过知了。蓝蓝的想象力和创造力都是大自然赠予的。"说到底，想要让孩子热爱生活，妈妈首先要有制造生活情趣的耐心和热情，要学着和孩子一起走向世界的舞台，不管是艺术上的还是生活上的，保护好自己和孩子的小世界，用"热爱"的心态去适应更多复杂的环境，用积极的生活态度跳出枯燥的"圈儿"，把自己和孩子的心一同投入到美好的事物当中去。

这里还有几个培养孩子热爱生活的小妙招，是我在陪伴登登的过程中总结出来的。

1.妈妈要让孩子做自己喜欢的事情，不要因为怕脏、怕危险，就要求孩子远离自然；也不要因为孩子犯了一点点小错误或者迟迟没有取得成就就扼杀孩子的兴趣；更不要用漠不关心的态度影响孩子主动探索世界的积极性，让孩子放开去玩，并陪伴孩子去完成一件事。

2.培养孩子的爱心，帮助孩子种一些小花小草，或者养一只温顺的小动物，让孩子"以爱生爱"。

这里有一些要提醒妈妈们的关键点。有爱的家庭更容易培养出有爱的孩子，家长爱孩子，维持家庭和睦，孩子心中才会形成爱的雏形。父母可以让孩子自己来举行关于仪式感的东西，比如，让孩子设定自己生活中特别的纪念日等，交给孩子爱的方法和技巧。当然，最重要的一点，任何离开陪伴的爱都是虚有其表的，热爱生活的心需要足够饱满的情感才能撑得起来。

有好奇心的孩子才能形成主动探索和勤于思考的好习惯，才能在将来的学习和工作中有钻研的精神。同时在我们希望孩子能成为勤于思考、知识渊博的人的时候，我们作为父母也要不断学习，以身作则、言传身教，才能给孩子起到榜样的作用。

保护孩子的
"十万个为什么"

    小孩子刚来到这个世界时对世界充满了好奇，他们的小脑袋里能装下"十万个为什么"。比如他们会问"树叶为什么是绿色的，猫咪叫的时候为什么会发出"喵喵"的声音，我们为什么会有十只手指头"等问题。可能有很多的问题父母自己也很难给出答案，但是一定要切记不要向他们表露出不耐烦的情绪，或者觉得很烦，让他们停止发问，这样都会在孩子心中留下创伤。

    比如，妞妞在父母忙自己的事情时去问"妈妈，我是从哪里来的"，妞妞妈妈不耐烦地说"我在忙你去问爸爸"，妞妞从妈妈脸上捕捉到了不开心的情绪，自己的小脸立马就会有失落的小表情。妞妞在妈妈那里受挫后，小心翼翼地走到爸爸的身边问道"爸爸，我是从哪里来的"，躺在沙发上玩手机的妞妞爸爸也不耐烦地说道"爸爸有事，你先去那边玩"。在两边都受挫的情况下，妞妞可能会心情难过，可能也会想爸爸妈妈是不是不喜欢妞妞，她以后就会害怕去问一些问题，也会和父母的关系生疏，所以，父母在遇到孩子询问自己一些问题时一定要耐心一点儿，不要让他们的内心埋下不好的种子，甚至不去理会，让这些种子生根发芽。

比如，可以把问题拿过来反问孩子，让他们自己思考、回答："对呀，你是怎么来的呢？""你说呢？"你可能会觉得孩子那么小，肯定答不上来的，其实你放心好了，他问的问题，即使没有正确的答案，但是肯定有他们自己的一套答案，你只需要耐心地去听他们的答案就可以了，或者你也可以把正确的答案告诉小孩子，每个阶段小孩子的认知是不一样的，在他们3岁的时候可能觉得自己是从妈妈肚子里出来的，可能再过几年，在学校和社会的环境下他就会知道是精子和卵子结合出现了自己。

对于大一点儿的孩子，父母可以和他一起查阅资料，或者带他一起去实践寻找答案，而且在寻找答案的过程中，也是一种陪伴孩子的过程，孩子和父母的关系也会更加融洽，这种启发他自己寻找答案和陪他一起寻找答案的效果要远远好于你给他灌输答案。

也可以鼓励他向其他地方寻求帮助。比如，赞赞和爸妈一起在动物园里玩，一只大象出现在了他们面前，赞赞好奇又害怕地问道："大象是不是没有嘴巴，它们用什么吃饭？"赞赞爸爸说道："你去问下饲养员叔叔。"赞赞走到饲养员面前问道："叔叔，大象有嘴巴吗，它用什么吃饭呀？"

饲养员叔叔耐心地回答道："大象是有嘴巴的，它用鼻子把食物卷起来然后放到象鼻下面的嘴巴里，但是神奇的是大象是用鼻子喝水的呦。"

赞赞疑惑地问道："可是大象用鼻子喝水不会呛到吗？"饲养员叔叔摸着赞赞的头说道："因为大象的呼吸系统和食道是相通的。"

饲养员叔叔说："小朋友真厉害，遇到不懂的问题会自己去询问别人获得答案。"

赞赞害羞地低下了头，但同时又陷入了新的思考。大象用鼻子喷洒水，洒在了赞赞父母和赞赞的身上才打破了赞赞思考的小脑袋。事情虽然很小，但是也给了孩子另外一个信念，那就是除了家庭，这个社会也是可以信赖的，这个社会上有很多很丰富的资源，家里解决不了的问题，社会上其他人有可能可以帮助解决，同样，如果他需要帮助，也会有很多人愿意帮助他。

所以千万不要嘲笑和训斥孩子，保护和引导他们提出"十万个为什么"，要给予他们思考的机会，要让他们自己去探索，让他们知道这个世界很奇妙，还有很多有趣的东西等着他们去探寻和挖掘。

每一次试错都是
一次成长

每个妈妈都希望自己的孩子不要在同一件事上犯两次错误，因此当孩子犯错后，妈妈就会不厌其烦地对孩子讲道理。一遍两遍、三遍五遍……直到孩子听到反感麻木，表现出激烈的排斥情绪，妈妈们才开始反思。

我有位同事，曾和我谈到她与自己五岁儿子的相处模式。她说自己在儿子面前就如同隐形人一样，不管她说什么，孩子都当作没听见。对此，她感到非常失落却也无可奈何。说也说过，骂也骂过，可孩子不仅不听，反而和她更加疏离了。

我问她："你是不是经常对着你家孩子说教，尤其是在孩子犯错后。"

同事回答："是啊，孩子犯了错，就是要说啊，不然他怎么会改正。而且，我家儿子做事毛手毛脚的，同样的错误他能犯好几次，不说怎么能行啊。"

　　我告诉她，孩子之所以会无视你的话，根本原因就是你总是在他犯错时说教。

　　孩子犯了错之后，本身就会有很深的内疚感，如果妈妈再不懂得缓解孩子的愧疚情绪，在孩子焦虑失落时给予他安全感，反而在孩子犯错后一味指责，就会造成孩子听而不进的后果。

　　孩子犯错后，由于内疚和担忧的心理，就会自发屏蔽掉外界对自己不利的信息。为了减少伤害，他们就会在大脑中自动形成一种保护机制，也就是听而不入心。因此，当妈妈说教时，孩子就会无视妈妈的话，以此来减少二次伤害。

　　很多妈妈都害怕甚至反感孩子犯错，每当孩子出现"错误"时，妈妈们就会对这些错误进行消极联想，并习惯将孩子行为背后的后果一一列出来，而不是对孩子行为背后的原因进行分析。

　　比如，当孩子吃饭时不小心打碎了碗，多数妈妈的第一反应就是"你怎么这么不小心，吃个饭都这么毛躁"；当孩子衣服上沾上泥渍，就训斥孩子不爱干净，邋里邋遢；甚至当孩子在妈妈做家务时想要帮忙，绝大多数都是被不耐烦地拒绝，"你老老实实地去玩吧，别在这儿添乱"。

　　不仅是错误，连孩子想要试错的机会，妈妈都会予以剥夺，理由是"做不好，只会添乱"，好像孩子犯错就是犯了不可原谅的原则性问题一样。

　　经过一次次的批评和不信任，孩子要么变得谨小慎微、自卑封闭，要么破罐子破摔，使劲捣蛋。这两个结果都是父母最担心却最容易出现的。

孩子们刚刚降临到这个世界，对一切事物都有着强烈的好奇心，他们喜欢尝试新鲜事物，犯错是他们在探索世界的过程中再正常不过的事情。

因此，父母如果因为孩子主动试错或一时的行为失当便轻易对孩子下定论，将孩子试错的行为归结成他们品性上的问题，必然会对孩子未来的成长造成不良的影响。

失败是成功之母，孩子每一次试错都是一个成长的机会。妈妈要放开手鼓励孩子去和世界碰撞，要相信孩子纯净的双眼一定可以找到正确的人生方向。

当孩子主动尝试新奇事物时，我们应该持有正确的态度，鼓励、相信、陪伴并给予适度的引导。

登登爸爸特别喜欢吃饺子，我们家每逢周末都会亲自动手包饺子。登登看到我和他爸爸围着一张小桌子一个擀面皮、一个包饺子，就会凑上来："爸爸、妈妈，我要和你们一起包饺子"。

登登爸爸总是很温和地笑着说："要把小手洗干净，才可以参加哦。"登登立刻跑到水池旁边洗了手，然后十分得意地加入包饺子的行列当中。

我们还会举行"家庭包饺子大赛"，比一比谁包的饺子最可爱，谁包的饺子最有创意。

登登有模有样地学着爸爸包饺子，因为小手没劲，登登包的饺子容易露馅，并且歪七扭八，登登有些沮丧，就问爸爸："爸爸，为什么你包的饺子像小船一样，还能摆成整齐的小船饺子阵，可我包的饺子却总是漏气呢？"

我和登登爸爸相视一笑，登登爸爸说："登登也很棒啊，小小年纪就学会了包饺子，但是不能太心急了，包饺子和打篮球一样，只有多多练习，才能抓准诀窍哦。你的饺子之所以会漏气是因为你包的肉馅儿太多了，还有饺子皮要好好捏起来才可以啊。"

登登爸爸说完，又给登登仔细演示了一遍，登登学得非常认真，不一会儿，就包出了整齐的小船饺子。

之后，登登爸爸又教登登学会了包月牙饺子、元宝饺子。饺子出锅后，登登吃了一大碗，还问我和他爸爸有没有尝出幸福的味道，他告诉我们说，包饺子的时候他把对爸爸妈妈的爱也包了进去。听了登登的话，我心头一暖，我们渴望带给孩子的，孩子何尝不是在用自己的方式回报给我们呢。

因此，当孩子勇敢地迈出第一步的时候，我们不要害怕他们摔倒。在安全范围内陪伴他们去尝试一些事情，会让他们变得更加勇敢、自信、有爱。

很多爸妈认为小孩子缺乏独立做事的能力，所以需要大人不断地监督、鞭策，但实际上，小孩子的思维当中没有对错，只有能做和不能做。他们同样拥有自主思考的能力，并且能从错误当中吸取教训，爸妈只须在孩子犯错时给予孩子正向的引导，就可以为孩子的成长制造契机。

孩子不需要说教，只需要一个教练式的妈妈去启发他、引导他。我们、我们的父母、父母的父母也都是在不断地试错、认识错误和改正错误中一步步成长起来的。

在成长过程中，孩子犯错、搞砸事情都是不可避免的，妈妈们一定要就事论事，孩子做错了事，不要急着去批评、指责，先告诉孩子哪里做错了、为什么做错了、应该怎么改正，并且告诉孩子做错了事情不要怕，只要学着好好应对这件事就可以了。

寓教于乐，
孩子更有兴趣

　　有调查表明：现在小孩子的幸福感在逐年降低，可能你会立刻反驳说：现在的小孩子生活多幸福呀，想要什么有什么，想吃什么有什么。

　　如果你觉得现在经济条件好了，孩子的幸福感也随之加强了，那就大错特错了。

　　孩子从小到大的成长过程中，幸福感无非来自三个方面：1. 开心地笑。2. 无忧地玩。3. 有父母的陪伴，不孤单。

　　但是，现在的一些孩子小小的年龄就失去了纯真的童年，背上了比自己还大的书包去学习和参加各种各样的培训班。或者因为父母忙被送去给爷爷、奶奶和保姆照顾，很多孩子甚至几天都见不到自己的父母，因为早上起来的时候，父母已经去上班，父母回来的时候，孩子已经入睡了。所以导致小孩和爷爷、奶奶或者保姆的关系比父母还要好。

在教育方面，父母也是给孩子买各种书籍、电子产品，报各种培训班，却很少去问孩子是否开心、是否喜欢，父母觉得孩子哪知道什么是快乐呀，只要在物质上满足他们，他们就很开心了，而且他们的首要任务就是学习，以后不会输在起跑线上，长大了是一个有作为的成功者。

他们可能是学习到了一些知识和技能，但是他们却没有了自己的快乐，等他们长大后回忆起来，发现自己全是在学习，那这个孩子的童年该有多糟糕呀。

我们要在玩中笑、在玩中问、在玩中学，这样既保证了孩子快乐的童年，又能提高孩子的学习效率。

瑞士的现代心理学家让·皮亚杰在《儿童智慧的起源》中首次提出过"玩中学，学中玩"的概念，具体含义就是，在玩耍中让孩童进行学习，在学习中加入玩耍的要素以便于孩童学习。

爱玩是孩子的天性，而且在玩当中他们会探索到很多的东西，现在很多幼儿园的一日教学中，游戏和教学都是不可缺少的，使幼儿不会对学习失去兴趣。

怎样做到在玩中笑、在玩中问、在玩中学呢？

比如，小华周末和父母到公园里玩，小华看到一个蚂蚁窝停下了脚步，小华看着蚂蚁背着比自己大很多的东西向窝里走去，小华说道："蚂蚁真厉害，背的东西比自己还大。"小华的父母就问道："那你知道蚂蚁背起的东西比自己重多少倍吗？"小华好奇地看着妈妈摇了摇头，这时小华的爸爸说道："蚂蚁能搬动比自己大 50 倍的东西。"小华惊讶地说道："蚂蚁好厉害呀。"接着小华的父母在玩的过程中告诉了他蚂蚁的生活习性和种类等问题。游玩结束时小华不仅学到了很多关于蚂蚁的知识，而且在父母的陪伴中玩得也很开心。

而小华的同班同学小明，因为父母做生意很忙没有人照顾他，所以就被送到了培训班，因为缺少父母的陪伴和交流，所以小明性格很孤僻。而且父母在学习方面很是严格，给他买了很多的书籍，每天进行各种培训班的学习。父母告诉小明每天最重要的事情就是学习，所以小明没有任何的娱乐活动。在课堂上小明很少主动去回答问题，也很少和小伙伴一起去玩，很多的活动他也不愿意参与。而小华却性格活泼，和很多同学都能打成一片玩得很开心。小华比小明知道更多的课外小知识，小华被称为班里的"智慧囊"。

所以，我们的父母一定要多陪伴孩子，参与到他们的生活学习当中，让他们在玩的时候开心地笑，在玩的同时让孩子养成多问的习惯，在玩的轻松氛围中学习，这样他们才会爱上学习，才能热爱生活。

Part 6

集中时间处理"熊孩子"
的常见问题

将"高级教养"融入
和孩子相处的细节中

教养,名词含义指文化和品德的修养,动词含义指教育、培养,常用来形容在家庭中从小养成的行为道德标准。

我在一本有关教养的书中看到过这样一段话:所谓教养,是根植于内心的修养,为他人着想的善良,无须提醒的自觉和以约束为前提的自由。

《三字经》中对于教养的解释是:人自小就应当修习的一种规矩,待人接物时应持有的一种敬重态度,并特别指出,一个人如果没有教养,就是家长、老师失职。

教养,是受教育者从教育者身上习得的规则、礼仪、态度。也即是孩子从父母身上学来的为人处事的习惯、风度、观念。有一对父子晨起锻炼时,碰巧赶上环卫工人给绿植喷水,小男孩觉得浇水很有趣,就想尝试一下。孩子爸爸非常有礼貌地询问环卫工人:"师傅您好,请问能让我儿子浇几下吗?"师傅微笑着点头。

小男孩学着环卫工人的样子，浇得特别认真。试完之后，小男孩和爸爸一起再次向环卫工人道了谢。小男孩对爸爸说："我长大了也想当环卫工人，给绿植浇水。"

孩子爸爸平和地说道："好啊，只要努力学习、认真工作，行行出状元。"

孩子就如同一张干净的白纸，等待并接受着世界的渲染。而距离孩子最近的父母是第一支画笔，父母的所言所行、所思所想雕刻着孩子灵魂的模样。

爸妈尊重认真生活的人，孩子的思想也会饱满、丰盈。爸妈热爱生命，孩子的内心就会有爱、善良。

动不动就满嘴恶言的爸妈教不出言语温柔的孩子，无视交通规则乱闯红灯的爸妈也教不出守规矩的孩子。

孩子就是家长的一面镜子，爸爸妈妈怎样孩子就怎样。真正映入骨髓的记忆，都是在潜移默化的环境中发生的。家长只有将高级教养融入和孩子相处的细节当中，用言传身教的方式熏陶孩子，孩子才会成为品性善良、德行高尚的人。

例如，不在别人睡觉时大声讲话，不随地乱扔垃圾，不在别人背后说三道四，这些都是通过良好的家风培养出来的习惯。这些教养是孩子能够证明家庭环境最明显的代表，你想要孩子有教养，尊重环境、尊重他人，你首先就要尊重他。

教育学家罗太说：我们这个社会什么时候尊重孩子、把孩子当

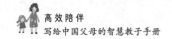
人了，教育才有希望。只有从小体会到被尊重的孩子才能理解什么是尊重。

一、尊重不是放纵

一个永远长不大的孩子，背后一定有一位无限纵容他的家长。"他还是个孩子"这样无知的借口，一直是孩子成长路上的绊脚石。再小的孩子，也不能纵容他不分是非、知错不改。

二、让感谢成为孩子的习惯

留给孩子履行责任的机会，将孩子期待的乐于助人变成生活的一部分，对孩子的帮助表示感谢，对孩子的善良做出表扬，使感谢成为他们的习惯。

三、帮助孩子正确认识情绪

要让孩子理解，所有的情绪都是正常的，生气不是错，愤怒也不是错。要让孩子明白，处理情绪的方式会影响处事的后果，有效地管理并表达情绪，是对自己的尊重。

四、教会孩子换位思考

不要一味奉行"孩子开心就好"的理念，教孩子在表达自己的时候也尊重别人的想法和需求。不要让孩子以自我为中心，而要去学着考虑他人的感受，在力所能及的情况下关心、帮助他人。

五、让孩子意识到界限感

最基础的就是告诉孩子"没有别人的允许不能碰别人的东西，自己的东西自己可以自由支配"，帮助孩子建立与他人的界限，学会区分"你的""我的"。

六、教孩子懂得宽容、体谅

斤斤计较、心胸狭窄会是孩子一生的痛苦。懂得体谅他人的难处，宽容他人的非原则性错误，正确看待被人拒绝和被人接纳的过程。学着释怀，不用冰冷淡薄的情感、态度对待世界，是一种高情商的做法，也是给自己的最大善意。

七、让孩子爱上并坚持阅读

爱阅读并坚持阅读本身就是良好教养的一种表现。不仅如此，阅读还可以拓宽孩子的视野，帮助他构建正向的三观，形成优良的人格特质，提升孩子的学识。

八、尽可能多地陪伴孩子

父母要多与孩子相处，只有尽可能多地陪伴在孩子身边，才能更多地影响孩子。父母在陪伴孩子时，要注意倾听孩子的想法，了解孩子的需求，并向他们传达爱，让他们感受被爱。因为人只有感受到被爱，才能学会去爱，才能在爱中展现出自己美好的一面。父母要做孩子的好榜样和心灵导师。

父母可以给予孩子最好的礼物，是丰厚的内心。作为孩子世界中的第一抹色彩，你光明美好，孩子才会光鲜亮丽。你想要孩子有教养，就先要成为有教养的父母。身教的力量大于言传，所以，父母在陪伴孩子的过程中，可以融入自己为人处世的态度、风度和习惯，如此才能称得上最有效的教养。

而高级教养可以被定义，可以有标准，可以被放大，但这一切都要建立在爱的基础上。任何以爱的名义培养出来的良好品质，都是教养的一种，例如不吃独食，不浪费；自觉遵守交通规则，保护环境，不乱扔垃圾；不出口伤人，不大声喧哗……这些细节都需要父母在陪伴孩子时，一点一点地教给他们，并且是用自身的实际行动来展示给孩子。

怎么教育
有"拖延症"的孩子？

拖延症是个慢性病。成年人叫拖延，小朋友叫磨蹭。家长面对孩子磨蹭如临大敌，原因无非两个：磨蹭耽误了生活的节奏；如果不管，今天的磨蹭可能就会变成明天的懒惰。

对于5岁以上的孩子来说，刻意磨蹭通常并不是懒惰，磨蹭是一种对立。玩游戏的时候，一个个都勤快着呢。但对于5岁以下的孩子来说，磨蹭更多的是因为他们还无法完全认清事物之间的关系，也尚不能很好地完成对于未来行为的规划。

为了解决孩子拖拖拉拉的问题，家长的应对方法无非只有一个，帮孩子解决一个核心问题——"做这件事跟我有什么关系？"但是家长们很难回归到孩子的视角去认识世界。其实孩子并不能很好地认知"穿衣服"和"全家一起出门"之间的关系，也不太明白"赶快睡觉"是为了给明天养精蓄锐。我们有必要帮助孩子解读——现在做这些，跟他到底有怎样的关联。想办法刺激孩子的

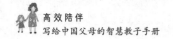
行为动机，激发孩子"做点什么"的身心状态。

人懒洋洋的时候，肯定不会特别主动地去做这做那。一个不在状态的孩子，跟不在状态的大人是一样的，对于一些没有吸引力的事儿与人，真的提不起啥兴趣来。有时候道理太复杂，跟孩子说不通，倒不如直接刺激孩子进入比较好的身心状态，还更能促进他们紧张起来。

至于该怎么改善孩子"爱拖延"的坏毛病，我有以下几点建议。

一、做事情要养成提前准备的习惯

每次出差的前夜，我都会把行李收拾好——衣服、洗漱用品、电脑、证件，一个都不能少。我们也都有这样一个同事：每次他都因为收拾行李太晚匆匆忙忙地赶到机场，次次满头大汗，却次次死不悔改。提前准备，恰恰是对抗磨蹭的良好方法，类似"穿这个还是穿那个？"的问题才是最浪费时间的。

我儿子现在上幼儿园，家庭作业头一天写好，穿的衣服头一天挑好拿出来，书包头一天收拾好。每天起床，该穿哪件该干什么，其实都已经箭在弦上不得不发，有条不紊也就水到渠成。现在，我儿子时不时还要选一下明天要穿哪件衣服去学校（甚至包括内裤），这很好，我也非常支持，毕竟，你只有心里有数了，到时候才更容易找到节奏。

二、给行为增加竞技性

孩子未必会喜欢乖乖地穿衣服，但孩子总是喜欢玩游戏的，而且更喜欢有竞技性的游戏。很多家长满心琢磨"让孩子再睡会儿"，自己拾掇完了才叫孩子起床，然后一个劲地嫌弃孩子磨蹭。其实，你都收拾好了你当然嫌他慢了。为什么不能让孩子和我们一起呢，为什么不能把要做的事情变成一次小小的比赛呢？

三、解决"如果没做到又怎样"的问题

我发现在很多家庭里，孩子是不用为磨蹭"买单"的。他们再磨蹭，家长也会让他们写完作业，准时到校，衣服和鞋穿得整整齐齐。既然磨蹭没有代价，那为什么还要勤快呢？磨蹭总要有点儿成本，这才是对勤快的公平。"苦口婆心"是很多家长的常态，为了让慢吞吞的孩子做点什么，家长们有时会变成《大话西游》里的唐僧。提要求有时候变成了碎碎念，力度与效果就会大打折扣。让孩子干啥你就说，提要求时也不要变成老太太的裹脚布又臭又长。

在军队里，每一个命令都很直接，"稍息！立正！向右转！"让人听了就想跟着动。在家里也应该有所借鉴，提要求时，你不用太严厉，但你有必要做到直接。我有个朋友，家里有俩孩子。按理说，他们家早上给孩子穿衣服是件非常麻烦的事，因为有俩

孩子，工作量要乘以二，管理难度要乘以二。但他上班从不迟到。因为他们家的孩子，天天早上都要经历一次接力赛，因此从不磨蹭。在这个比赛中，孩子们互有输赢，但好在比赛天天有，孩子们就更是乐此不疲。我这个朋友在组织比赛的过程中，值得称道的做法有三个：给比赛设立多个连续目标，让它变成一个铁人三项比赛而不是百米短跑比赛。每天早上，他给出的要求都很直接简短："先穿衣服！再洗脸！再刷牙！再吃早饭！再穿鞋出发！"但次日早上，他又可能会调整活动的顺序或者增删一些小的环节。这么一来，这个游戏的可玩性就大大增强了，孩子们也不会感到乏味。给比赛来一首背景音乐，他跟我说最好使的是这首："William Tell Overture（威廉泰尔序曲）。"

这曲子本身就容易激发人的活力，能非常快地带领孩子进入状态。对取得胜利的孩子真诚鼓励；对失败的那一个，更是要真诚地鼓励他今天可以在其他的竞争环节中有更好的表现。说实在的，我觉得他的做法既让孩子不磨蹭，又能培养孩子的抗挫折能力，着实不错。至于我家孩子，也不怎么磨蹭。我想，跟日常生活中践行的那三种方法不无关系。

"匹诺曹"孩子
怎么教？

　　大家应该都听过《匹诺曹》的故事吧，讲的是一个小木偶因为说谎话鼻子变长的故事，说谎是不对的，一个谎言可能需要无数个谎言来掩盖。

　　提到撒谎这个词，我们都会感觉很头痛，因为孩子撒谎是一件很不高尚的行为。其实每个年龄段的孩子都会说谎，特点和原因也各有不同。

　　2岁至6岁年龄段的孩子说谎，多数是出于生理原因，孩子被妈妈斥责、害怕责罚等，因此会把谎言当成自己的保护伞。这一阶段，妈妈们要注意培养孩子养成诚实的好习惯。

　　正确处理孩子的撒谎行为，可以有效地避免孩子撒谎。当孩子长到6岁左右，撒谎能力就有了"质的飞跃"。至少站在家长的角度来看，他们有时候撒的谎可以称得上是天衣无缝。如果找不到证据，家长就算清楚孩子在撒谎，都没办法拆穿他。

并且这个年龄段也是孩子撒谎的高峰期。孩子撒谎原因有很多：第一，由于孩子在成长的过程中，对很多东西认识都不全面，有时候说的话，对成人来讲，就感觉在说谎。比如我曾经问过一个孩子她的玩具有多少，孩子说："我有几千个洋娃娃。"

第二，孩子可能是为了引起家长的注意。因为有时候家长没有关心孩子，孩子就通过撒谎来引起家长的关注。比如，孩子明明没有什么事，却假装自己肚子疼，目的是让父母关心他。

第三，因为对某些家庭成员的模仿。比如，宝贝成长群里面有个家庭的孩子就喜欢撒谎。原来是因为他的爸爸就有不诚实的行为，对孩子也产生了潜移默化的影响。

第四，为了逃避惩罚。毕竟在说实话会被批评的情况下，孩子觉得说谎来得更实在，不用担心挨骂。我班上有个孩子，有次本该到了交作业的时候，孩子说作业落在家里了。结果他的同桌来了个神助攻，从他课桌下拿出了作业本。孩子因为作业没有做，担心被责骂，所以选择了撒谎。

第五，获得某种东西。比如，有的孩子成绩没有考好，但是为了获得家长的奖励而选择说谎。

那么孩子撒谎，应该怎么教育呢？有没有什么好方法呢？在我们宝贝群里面讨论这个问题的时候，我给大家分享了我处理我侄女撒谎的方法。我哥怕孩子经常吃糖把牙齿给吃坏了，所以巧克力通常都放到孩子够不着的地方。

有一次我去侄女家，孩子一直可怜巴巴地看着我，孩子也很聪明，知道捏软柿子，见他爸妈都在忙，就偷偷地跑过来，左看看，右看看，做贼一般地跟我说："姑姑，帮我拿一下东西。"然后，孩子把我拉到他们葡萄酒柜那里，指着上面说："小姑，帮我拿一下那个东西。"

孩子小手往上指了指。顺着她的手指方向，仔细一看是一堆巧克力。我正准备拿呢，想起她妈妈说过少给孩子吃巧克力，然后我跟她说："你妈妈说了不能多吃糖，吃多了牙齿会坏的。"

这孩子眨了眨眼，然后看着我说："是妈妈让我请姑姑拿的。"这小家伙，口水都快流出来了，还一本正经地撒着谎，只不过这点小心思能瞒过我吗？

小家伙不停地催着我，"姑姑，快点嘛。"我想是时候教育一下她了，当然不能用打屁屁的方式。于是，我给孩子讲起了《匹诺曹》的故事。

从前有个小朋友，叫匹诺曹。芭芭拉小魔仙给她施加了魔法，如果她说谎，鼻子就会变长。结果她为了吃到喜欢吃的糕点，就对她姑姑说谎，骗她的姑姑，虽然得到了自己想吃的糕点，但因为说了谎，她的鼻子长得老长。我一边说着，一边用手比画了鼻子的长度。小家伙一听，瞪大了眼睛，还不停地摸着自己的鼻子。连忙说："姑姑，我想还是让我妈妈来拿吧。"说完就屁颠屁颠地跑回了屋。

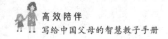

　　针对孩子爱撒谎的问题，我有一个小心得——用故事法来教育孩子。

　　孩子撒谎，虽然是错误的行为。但是我们教育孩子的时候，不能单纯地用惩罚或者恐吓这种方式，而是要选用一种比较柔和的方式来处理。

　　登登撒谎的时候，我就会讲《匹诺曹》或者《狼来了》的故事，让他意识到这个行为是错误的。这样既能避免直接指责孩子，给孩子带来羞愧，又能让孩子有台阶下，很自然地改掉自己的坏习惯。所以，当妈妈发现孩子有撒谎的行为时，不妨尝试一下用讲故事的方式，把我们想说的话表达出来。如此既能表面刺伤孩子的面子，又能给孩子带来一个"在错误中成长"的机会。妈妈可以在孩子非常崇拜的动画或者影视人物中寻找，搜集有关诚实的故事讲给孩子听。这样的教育故事会伴随孩子的一生。每当孩子想要说谎的时候，我们就讲起故事中的人和事，利用榜样的力量长久地影响孩子，塑造孩子的性格。

"小马虎"
孩子怎么教？

　　马虎粗心问题其实是很多孩子，特别是低年级孩子普遍存在的问题，而且造成孩子马虎粗心的原因也很复杂。家长不要过于着急，要分析原因，才能有针对性地进行引导。

一、家长对孩子粗心的误解

　　1.误认为孩子主观上不努力。

　　孩子出现粗心的问题，大多数家长都会把它归结为不认真、太马虎，缺乏对学习的责任心，是主观上不努力造成的。其实不是，家长们冤枉孩子了，不是孩子不想好，而是能力没达到，也就是学习能力发展失衡所引起的问题。

　　2.片面关注学习习惯，忽视做事的条理性。

　　家长往往重视培养孩子的学习习惯，而忽略了培养孩子做事的条理性。其实，学习上细心的习惯不是单一存在的，而是与生活习惯密不可分的，做事丢三落四、缺乏条理、不能坚持到底的孩子，往往在学习上也容易出现粗心的问题。

孩子在做事的过程当中，能学会自主学习，学会合理地安排次序、把握节奏，使做事变得有条理，更重要的是有了心理体验，这样的心理体验多了，自然就形成了一种习惯，而良好的生活习惯自然会迁移到学习当中，因此，家长千万别剥夺了孩子做事的权利和机会，养成良好的做事习惯对学习有促进作用，往往会使学习事半功倍。

3.过度单调的重复，会引起心理疲倦。

二、造成孩子粗心的原因

那么，造成孩子粗心的原因是什么呢？

1.注意力不集中。

我们把注意力比喻成一扇门，凡是外界进入心灵的东西都要通过它，如果没有开启或半开半闭，一定会影响孩子的学习效果。

2.视知觉能力发展失衡。

视觉是指眼睛看到的信息，视知觉是把眼睛看到的信息传递到大脑，大脑对看到的信息进行加工的能力。

每个孩子的视知觉能力是不一样的，如果孩子的视知觉能力达不到同龄人的水平，就容易出现粗心的问题，视知觉能力落后和粗心有着紧密的联系。

3. 知识点掌握不好造成认知不清。

4. 思维能力较弱造成的审题不明。

5. 父母不良的心理暗示。

当孩子刚上学的时候，家长和孩子都会雄心勃勃地想要争第一，可是孩子的学习能力是存在差异的，在没有提高学习能力之前，无论他们如何努力，结果都会不尽如人意。

更重要的是，他们会受到家长和老师无数的批评和误解，比如说粗心被认为是不认真、意志不坚定等。在这种不正确观念的影响下，大人倾向于以更大的压力来矫正。比如打、骂、处罚，当我们施加过大的学习压力时，孩子就会充满挫折感。

因此父母要客观分析孩子学习困难的原因，对症下药，多给孩子正面的激励，激励是对孩子思想行为的认可。

在被肯定、被信任的状态下，孩子的主动性会较好地被调动起来，从而巩固自己的行为，随着一次次地巩固，孩子更容易树立起自信，认为自己"行"，即使有时遇到困难，由于以前被认可、被肯定而巩固起来的自信，孩子就容易主动去试，这是一种很可贵的精神。

如果我们能培养孩子的"主动精神"那将是我们教育的极大成功，因为我们给予孩子的是面对任何问题都能积极处理的能力。

三、解决粗心、马虎问题的方法

1. 运用手部精细动作：如描图、搭积木、穿珠子、夹豆子、手

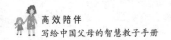
工等。

2.视知觉方面：视觉记忆训练，如打牌、填词等。

3.学习习惯方面：合理利用草稿纸，给题目编号，合理地进行空间安排。不要过多地依赖橡皮，养成一次成稿的习惯。遇到不会做的题先放下，等全部做完后再认真思考。养成做事有条理性。养成做完作业自己检查的习惯。

孩子爱顶嘴是怎么了？孩子爱顶嘴是好事吗？为什么孩子越来越不听话了？面对孩子爱顶嘴，爸妈应该怎样教育？

登登学会顶嘴了，之前那个乖乖听话的宝宝消失了。有一次，姥姥让登登坐在位置上，反复叫了他很多次，但登登始终不过去，总说："等会儿，看完这集动画片就过去。"姥爷一听急了："我数到三，再不过来吃饭就要罚站了！"结果，登登却说："我又不是没听到，你为什么那么大声、那么凶地吼我，我看完这集动画片不行吗？"登登的爸爸一听，火一下子就上来了，过来教训他，登登非但不怕，反而愈演愈烈了。

还有一次，登登在小区里骑小自行车，妈妈担心他碰到乘凉的人，要求他在小范围内骑，可他还是不小心摔倒在一位爷爷的脚边上。妈妈拉起登登说："快向爷爷说对不起！"谁知登登大声说："谁让他不注意点儿，在我后面走啊！"

像登登这样的熊孩子不在少数，许多妈妈都提到家中的小宝宝不听话、爱顶嘴，强词夺理，大人们都被宝宝气得火冒三丈，愣是没有办法。面对孩子的诸多"反抗"和"顶撞",家长别急着暴跳如雷,不妨先思考思考:孩子为什么"顶嘴"?在很多家长的眼中,孩子顶嘴就是和自己作对,于是生气、失落、怒火中烧,甚至恨不得揍他一顿。但其实,这是孩子有了独立意识的表现。

一项统计显示,顶嘴是一种非常正常的现象,爱顶嘴的孩子约占70%,随着孩子能力的提升,他急于向别人表现:"我长大了,我能行。""我"就是我自己,就是我的愿望、我的想法、我的要求,就是和爸爸妈妈不一样的一个真正的"自己"。

在心理学上,这个过程被称为"自我概念的形成"时期。当孩子频繁抗拒父母的要求时,父母应该换个角度想——这是孩子证明自己成长的方式,孩子在向父母宣告自己应有独立的生活。这个时候,父母就不要再包办孩子的一切了,而是要采取商量的方式,多了解孩子的想法,把孩子当作一个小大人!

那么,我们在被反对时,应如何心平气和地接纳孩子的顶嘴?一个聪明的父母,一定是懂得控制自己情绪的人,他会保持一颗平常心,冷静分析,在家庭教育上面以柔克刚,以达到"四两拨千斤"的效果。

一、要控制好自己的情绪

孩子还小,语言功能发育并不完善,表达自己不同意见的时候,可能词不达意。面对孩子的顶嘴,优秀的父母都会稳定自己的情绪，不会有太激烈的反应；而那些情绪自我控制力差的父母，在教育孩子的时候就不免粗暴急躁，不仅没有效果，往往还容易伤害孩子的心灵。只有父母控制好自己的情绪，才能听清楚孩子的问题，也才会更好地处理孩子顶嘴的问题。

二、慎重表扬

孩子喜欢被人表扬，但是表扬不当或是表扬过度的话，就会导致孩子滋生虚荣心，他就会认为自己是个优秀的人，当妈妈或是谁在指出他的不足之处的时候，他就会接受不了。所以，当孩子有好的表现时，妈妈要多鼓励宝宝的努力，多鼓励其好的行为、好的做法，而不是针对结果、天分大肆表扬，这样孩子就会比较务实，而且不会滋生骄傲情绪。

三、要言传身教

孩子的模仿能力非常强，如果父母自己平时都爱跟人顶嘴，孩子就会学习父母。因此，作为父母平时要注意言传身教，用自身的行动和榜样引导孩子发展自我。平日处事平和、不急不躁，遇到长辈时言行尊重，切忌唠叨。孩子自然会听从教导，不再顶嘴。

四、不要总对孩子说"不"

细心的妈妈会发现一个问题，那就是当你频繁地跟孩子说

"不要撕书""不要丢玩具""不要骂人""不要乱跑"等的时候，宝宝反而会变本加厉，越不让他做什么，他做得越起劲。聪明的妈妈要制止宝宝的某个行为，不是说"不"，而是对宝宝说"书撕了就不能再看了""骂人的宝宝会没有人喜欢的"……这样宝宝就不会跟你对着干了。

五、营造民主的家庭气氛

父母不妨在家里营造出足够民主的气氛，鼓励孩子随时讲出自己的感受，遇到孩子顶嘴的情况时，父母要真诚地去倾听孩子的理由，不要凭主观臆断或一面之词而下结论，及时化解孩子的委屈。

不要怕这样做父母会没有威信，其实越是这样做，孩子越会认同你。反之，如果父母只会"以大压小"，长期下去，反而会导致孩子形成逆反或是逃避心理。我们不鼓励孩子们无礼的顶嘴，但是我们的目的也从来不是打击孩子，让孩子委屈地度过童年，教育跟治水一样，宜疏不宜堵。

作为家长，不能一味地用身份来压制孩子，迫使他们"听话"。最可行的方法应该是，了解顶嘴背后的原因，反思自己的教育方式，积极引导孩子，这样才能收获最好的效果！

赖床的孩子
怎么管？

　　孩子赖床，是让很多妈妈头痛的问题。早晨叫了一次又一次，孩子就是不肯起来。一直拖到最后1分钟再不起床就要迟到了，孩子才慌忙地从床上爬起来，匆忙洗漱完，随便吃几口早餐就往学校赶。只不过"常在河边走，哪有不湿鞋"，迟到在所难免。

　　孩子能不能按时起床，不仅关乎生活习惯的养成，对于培养他们的时间观念和自我管理能力同样影响重大。另外，值得注意的一点是，强烈的时间观念和强大的自我管理能力有时候比智力水平还重要。

　　赖床不是孩子的标签，成年人也特别依恋温暖的被窝。要是家中有妈妈和孩子一大一小两个爱赖床的宝贝，相信每天早晨的起床时光，都会上演一场激烈的大战。

　　许多宝妈时常遭遇这种情况：清晨起了个大早，匆忙洗刷完毕就赶紧给孩子准备早餐。因为孩子总是赖床不起，所以就需要花费很长一段时间叫孩子起床。

第一次，妈妈们一般和颜悦色，叫孩子起床的语气和方式往往比较温和："宝贝，太阳公公晒屁股啦，赶紧起床啦。"

第二次，妈妈依旧如此。

第三次，妈妈还能保持理智，心平气和地跟孩子说："宝贝，该起床了。"

第四次，妈妈可能就有些急躁了："宝贝快起床！要迟到了！"

到第五次的时候，妈妈就非常焦躁，往往语气就有一些严肃了，"再不起床，要迟到了！"如果这时孩子还是不肯起来，性子急躁的妈妈大概就直接去掀被子了。甚至有时候火气上来，就给孩子的屁股来一顿"红烧掌"，最后孩子红着眼睛去上学。

结果，一个轻松愉悦的早晨，搞得跟生死大战一样。妈妈气得筋疲力尽，孩子也觉得十分委屈。到了第二天、第三天，孩子可能会按时起床。但是隔不了几天，"起床大战"又重新上演。

这里，我们归纳一下通常情况下妈妈们叫孩子起床的方式：第一种：怒气冲冲地到房间里面大声喊叫起床；第二种：直接粗暴地掀掉孩子的被子；第三种：野蛮地揍孩子一顿；第四种：念经式地唠叨、埋怨。以上几种方式，在育儿界被称为"杀伤式闹钟"。因为人在起床时，有一个特定的流程。人在苏醒之前，身体会先把神经启动起来，然后是叫醒四肢，这个过程通常需要5—10分钟。

家长直接粗鲁地打断孩子的睡眠，会给孩子的精神和生理带来很糟糕的影响。因为孩子猛然间被惊醒，容易产生冲动、愤怒、心情低落、注意力涣散等问题。

所以，建议用上面那些方式叫孩子起床的妈妈们，可以换一种更柔和的方法来行动。

其实，孩子会赖床的原因一般是由于昨天晚上没有休息好，导致睡眠不足。比如玩游戏或者看动画片直到后半夜才睡觉。

针对这些情况，妈妈要从根源上解决问题，督促孩子不熬夜、早睡早起。

第一，妈妈要以身作则，与孩子一同入睡。有很多妈妈跟我抱怨说，一到晚上让孩子去睡觉，孩子就会不满地说道："凭什么就只有我要去睡觉，你们为什么不睡！"原来，妈妈们时常在睡觉前玩手机、看电脑，入睡特别晚。所以当妈妈要求孩子早些睡觉时，孩子就会认为不公平。因此，妈妈想要孩子作息规律，自己首先要按时按点睡觉、起床，最好全家人都养成早睡早起的好习惯，帮助孩子营造一个规律、良好、公平的睡眠氛围。第二，给孩子讲睡前故事或与孩子一起阅读。孩子在成长期非常依赖妈妈的陪伴，尤其是刚与爸爸妈妈分床睡的孩子。这时妈妈可以运用一些睡前小妙招，哄孩子入睡。比如，陪孩子躺一会儿，给孩子讲一个睡前故事，或者和孩子读一本他最爱的图书，要么陪孩子说说悄悄话也行。不过也要注意，睡觉前需要一个轻松、平静的心情，千万不要给孩子讲一些刺激的故事。

记得有位预约了我课程的妈妈给我打电话说："昨天晚上孩子没睡好，早上起来精神萎靡，看起来特别疲惫的样子，我今天想请假。"

这位妈妈曾向我请教，怎么让孩子养成好的睡眠习惯，说自家孩子老是熬夜、赖床。我就让她试试给孩子讲睡前故事。

但是那天晚上，这位妈妈给讲了一个鬼怪故事，结果使孩子受了惊吓，导致孩子一晚上没睡着。

所以，妈妈们一定要注意，睡觉前给孩子讲的故事或者说的话，一定要温馨轻柔。

做好以上两点，可以慢慢地改善孩子爱熬夜的坏习惯。至于早晨叫孩子起床，细心的妈妈会发现，孩子并不是睡不醒，只是躺着不行动，并且上学迟到的情况也鲜有发生，因为孩子总是在听到妈妈的唠叨之后，一边不满地从床上爬起来，一边快速洗刷吃饭，以至自己不会迟到。

从这一方面来说，孩子赖床的原因是由于妈妈这个"自动化的人性闹钟"总会留出一段时间让他有空偷懒。因为很少迟到，所以孩子也不会担心。所以，基于这种情况，我建议妈妈们可以卸下闹钟的职责，把权力还给闹钟。

妈妈可以把什么时间起床的决定权交给孩子，让孩子自己去管理自己的时间，培养孩子的自制力和时间观念。

刚开始，孩子肯定会将起床的时间定在最晚的那个时间点，如果此时孩子再拖拖拉拉或者赖床不起，那就会面临上学迟到的风险，这样反而会使孩子改掉做事磨蹭、拖延的坏习惯，间接克服惰性。

妈妈们在实施这个计划之前，可以先给孩子一些建议，一定不能是命令或者规则，以免激起孩子的抵触情绪。

妈妈们只需要实事求是，给孩子解释一下每件事会消耗的时长：起床 10 分钟→上厕所 10 分钟→洗漱 10 分钟→吃早饭 20 分钟→准备书包 3 分钟→上学路上 10 分钟。妈妈只需要把这些信息传达给孩子，不强迫孩子去执行自己决定以外的事情，并提前跟孩子沟通好："从明天开始，就要你自己起床了，我和爸爸就不叫你了哦。"

有的妈妈可能会担心这么做会导致孩子上学迟到，刚开始的时候，这种情况很可能会发生，但是为了纠正孩子的坏习惯，这些"牺牲"很有必要。

当孩子上学迟到后，被老师问及原因，孩子无法将责任推卸到爸爸妈妈身上，只能从自己这里找原因，思考解决方案——按时起床。

孩子为了避免迟到，并且留出时间吃早餐，以防肚子饿得咕咕响，他们就会主动将起床时间向前调整。这个计划可行性很高，如果妈妈再注意两点，就可以轻松地培养孩子的作息习惯。第一点，不干预孩子的决定，并和孩子做好约定，如果孩子没有准时起床导致上学迟到，一定不能将情绪发泄到爸爸妈妈身上，更不能推卸责任；第二点，给孩子一个温馨轻快的早晨，孩子第一次自己起床后，不管早晚，一定要给孩子一个大大的拥抱。之后，也用拥抱代替唠叨，用鼓励和赞扬作为奖赏。

妈妈的拥抱是孩子心中温暖的篝火。曾经因为孩子赖床不起，和孩子产生隔阂的妈妈，现在已经将和孩子拥抱当成每天早晨必做的事情之一。这位妈妈之后对我说："虽然现在的天气越来越冷，但宝贝儿却从没有赖床过，而且自觉性越来越好，每天都按时睡觉，早晨，我和宝儿一起吃早饭，这真是太幸福了。"

静悄悄的乖小孩
怎么教?

在这个褒奖"外向",不赞赏"内向"的世界上,内向的孩子似乎等于低情商,总是不被人待见。

长辈会说:"这孩子见了生人就躲,长大肯定没出息。"此时,内向＝没出息。

老师会说:"这孩子功课不错,就是太内向了,经常不参加集体活动。"此时,内向＝孤僻。

同学们会说:"他经常沉默不语,过于沉闷。"此时,内向＝无趣。

内向的孩子具有惊人的天赋和能力。当你看到孩子面带微笑地看着别的小朋友在玩耍时,当你看到孩子沉浸在自己的世界中思考时,当你看到孩子在喧嚣中独处一隅时,请不要再用异样的眼光看待他们,而是要看到他们的闪光点。

内向型孩子的内心世界更为丰富,也更热爱学习,他们会把精力与能量放在自己真正感兴趣的事情上。

内向的孩子天生会独处，无须你为他安排满满、忙前忙后，他们也能有事可做，并能乐在其中。

内向的孩子更善于倾听和在乎他人的感受，他们会更容易赢得朋友的信赖……

内向的孩子专注力更强，内向是他们排除干扰的最好屏障，他们能够长时间安静地独自处理复杂的问题，善始善终地做好自己感兴趣的事情。

内向的孩子更善于思考，创造力更强。

家长要帮助内向的孩子更好地成长。如果你家里有个内向的孩子，请不要否定他的个性，你可以尝试以下方法帮助孩子更好地成长。

一、不要试图去扭转孩子的性格

作为孩子最信赖的人，要充分肯定孩子的内向，请告诉他，内向是一笔财富，是值得尊重和理解的品质，让他明白内向也有很多优势，让他知道内向并没什么值得羞愧和不安的地方。千万不要老想着去颠覆和改变，试图把孩子改造成一个外向的人。这样反而会给孩子造成严重的心理障碍，如引发孩子的焦虑症等。

二、关注孩子的情绪及情感

内向型孩子习惯将情绪、情感及需求藏在自己心里，很少直接表达出来。家长要多去倾听和理解孩子，及时给予回应及关注，并鼓励孩子主动表达自己的心情，让他们更有自信地表达自我。如"今天你主动找妈妈讲了你的困惑，感谢你对妈妈的信任，妈妈希望你以后多找妈妈沟通，我们可以一起想办法"。

三、对孩子要有足够的耐心与包容

内向的孩子在新环境中或面对陌生人时往往会表现出焦虑的情绪，家长要对孩子有足够的包容心，可以多做些"铺垫"工作，让孩子更好地适应外界。如带孩子参加活动时，如果条件允许，可以带孩子提前到达活动现场，让孩子熟悉环境，营造一种安全舒适的感觉，还可以允许孩子先与活动的焦点地带保持一定的距离，让孩子先默默地观察，然后再鼓励他去尝试。

四、和老师主动沟通孩子的情况

家长可以就孩子的一些情况主动和老师沟通，有助于老师正确解读孩子的内向行为，比如，沉默寡言并不代表孩子没有注意听讲，正相反，内向的孩子此时可能正在全神贯注地聆听和观察。

请坚定地告诉孩子：内向不是缺陷，更不是病，同样值得欣赏和赞扬，内向的人也可以光芒万丈。

"玻璃心"的孩子
怎么教？

在现实生活中，很多东西都与我们的想象背道而驰！可能你看了很多育儿书籍，但是在现实中你还是管不住孩子。很多时候孩子的无理取闹，是给父母暗示的信号。

一、透过你的世界观的我的眼

这句话是有点儿拗口，但想了半天还是觉得这句话能简洁地表达我的意思。这句话的意思是，你怎样看待世界，你孩子看到的就是怎样。你真的不能不负责任地让孩子看到的世界是一片凄凉、惨淡。

比方说，两个小孩打架，A的妈妈把孩子拉开，问A："你怎么能让他欺负你？"那难以避免地，A长大了就会有"受害者心态"。"他欺负我，全世界欺负我。"老这样看问题，脆弱那是妥妥的。

B的妈妈把孩子拉开，对B说："你俩是好朋友，老在一起玩儿，又亲密，发生点儿小摩擦很正常。不跟你好的、不跟你玩儿也不会有争执啊！"我们都喜欢成熟、乐观、从容、坚定、心思澄明的孩子。如果家长没有这样引导的功力，只能拼将来遇到好老师的概率了，特别聪明敏感的孩子这事儿也能想明白，不过是不是要走很多弯路、付出很多代价？

我最喜欢的是一位同事的一个解释：她儿子小时候第一次被老师批评，特别伤心。她就跟儿子解释：

"老师批评你是爱你，喜欢你！不爱你的人才不会管你呢，会看着你犯错，是不是？你就像一棵小树，老师批评，就是给你'砍树杈'。你想啊，要是不砍，你就长不高，往横向发展，长些乱树杈，长大了只能当柴烧；给你砍好了，你就往高处长，长成参天大树，将来盖漂亮的房子、造能远航的大船！"

反正从我儿子很小的时候开始，我都这么解释。他经常会说："姥姥给我砍树杈，我有点儿疼，不过我很勇敢！"或略显郁闷地说："唉，今天老师又给我砍树杈了……还好，爷们儿能挺得住！"

忽然想到一句歌词"把太细的神经割掉会不会比较睡得着……"我儿子神经超细，但是，在强大的我的洗脑下，脆弱与孩子何干？

二、给坏脾气一个容身之处

脆弱的孩子中有一拨，因为负面情绪累积的太多、太痛，所以才脆弱逃避。成人伤了心还不去谈恋爱了呢，何况小孩子？

脆弱的孩子会经历这样一个循环：事情有难度—面对的时候烦躁—被大人否认、压抑—负面情绪得不到处理—面对可能再次出现的情绪"痛点"，选择逃避。

你有没有类似的体验？你很难过，跟某人倾诉，某人一副不以为然的样子，你马上就生出"话不投机半句多"的强烈感慨，发誓"以后再跟这货说这问题我就是怂包"！可你除了某人，还有某某人，闺密朋友什么的一大把，不愁没地儿宣泄。

而孩子，除了父母以外，就很少再有其他的情绪支持者了。如果在父母这儿都被堵，基本上就没戏了。按照这种循环走下去，脆弱逃避是迟早的。

同理，摔倒了、打架了、被误解了、想要的没得到……都可能有坏脾气，所以应该给坏脾气一个"容身之处"。每一个坚强的人生赢家，都带着一个可以合理收纳坏脾气的背囊。

三、爹妈云淡风轻，孩子处变不惊

见过不少火急火燎、凡事儿大惊小怪的家长，我妈就是这样的人，我自己以前也是这样的人。作为一个以前也有这毛病、现在"愈后良好"的病友，我对这个问题应该能用"感同身受"来形容。

我之所以以前脆弱，觉得一遇到事儿就跟天塌了一样，本能地想要躲起来，是因为我妈遇到事情经常是这样的反应。从她惊慌的样子中我觉着事儿很严重——大人都处理不了的事儿，小孩子

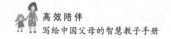

就只能接受恐惧的折磨。

其实后来才发现是小事儿，没啥大不了的。但心理阴影已经存在了，习惯性的心理反应已经形成了。再说，并不是每个孩子都有机会学习心理学，完成充分的自我觉察。

我的其他实践经验也告诉我，孩子之所以脆弱、逃避困难，跟爸妈反应过度绝对有关系。所以，孩子急，孩子怕，孩子慌，咱得淡定。你看在那些有战斗力的部队中，中层将领着急忙慌地进入帐篷"报……"，其统帅啥时候跟着他一起着急过？不是胸有成竹地指挥若定吗？如果他也是着急忙慌的，就等着丢盔弃甲吧！整个部队也会变得无比脆弱。

可能有人要问：爸妈太淡定，孩子就不重视这事儿了，会不会？所以，用"战略上藐视，战术上重视"做形容最恰当不过了。方法还是要找的，但是在情绪回应和思想境界上一定不能输了气势。"玻璃心"绝对是可以预防的，先把这三条做到，也就八九不离十了！

父母再忙，也要和孩子建立情感联结

语言暴力比
棍棒教育更恐怖

　　什么是语言暴力？语言暴力就是指带有侮辱歧视性的语言，比如："这么简单的题你都不会，你怎么这么笨呀！""我从没有见过像你这么笨的孩子！""你看别人家孩子多聪明！"这些粗俗的说法不亚于破口大骂。有些家庭的父母根本就没有意识到自己对孩子破口大骂是在使用语言暴力。因而很多孩子也就经常生活在语言暴力之下，惶惶不可终日。

　　语言暴力和棍棒教育的区别在于：棍棒暴力伤害的是孩子的身体，可能过一段时间小孩子就会遗忘，但是语言暴力击垮的是孩子的内心，受到语言暴力的孩子可能会和父母的距离变远，也会让孩子在受到父母的指责后变得自卑。

　　我们都知道，每个人都有情绪不受控制的时候，所以在教育孩子的时候并不像我们想象中的那样温和，甚至有些暴力，一些狠话也会对孩子说，这种心理上的创伤是无法修复治愈的。可能孩子在几十年之后，还很有可能因为想起父母曾经说过的一句话而伤心难过。

比如，小的时候我的爸爸经常去外地工作，所以我和爸爸之间的关系很陌生，每年爸爸在家的时间只有两个月。我的数学成绩很差，所以晚上放学回家，爸爸就会辅导我的数学作业，当时加减乘除的"除法"我一直没学会，老爸见我连最简单的除法都不会，立马大发雷霆，说道："你的脑子是装糨糊了吗，这么简单的除法都不会，明天把书包拿回来，不用上了！"当时坐在一旁的我吓得瑟瑟发抖。从那以后我看见老爸就像老鼠见到猫一样，而且心里就觉得自己很笨，所以才学不会数学。每次见到老爸都是很害怕的状态，就怕老爸来问我学习上的问题，如果自己回答不上来又要挨骂，导致现在想起来心里都会有一点儿难过，所以语言暴力在孩子幼小的心灵里会埋得很深，时间也会很久远。

在现实生活中确实也有很多这样的父母，他们不赞成老一辈棍棒教育的思想，但是有时候又忍不住必须通过一定的方式发泄，所以就选择了语言暴力。本以为棍棒教育对孩子伤害大，实际上这种语言暴力让孩子更恐惧。一些心理学家就表示，语言暴力就像是一把刀子，父母必须得明白。

1.语言暴力会给孩子带来伤害，让孩子变得更加没自信。

如果一个父母经常对孩子说"你怎么这么没用，这么简单的事情都做不好，我和爸爸对你真是太失望了"这样的话，久而久之，孩子就会觉得自己没有优点，会变得越来越不自信。父母是孩子的启蒙老师，也是生活中最亲密的陪伴者。也就是说，在他们心中父母对于他们的评价是十分中肯的，因为孩子是十分信任自己父母的。如果真的听到父母说这样的话，那对孩子的伤害会很大。孩子不仅会和父母的感情疏远，还会对自己没有自信，甚至会影响他们以后的人生。

2. 孩子会以同样的态度面对别人。

如果父母经常用不好的语言方式和孩子交流，在潜移默化的影响下孩子也会以不好的交流方式对待身边的人。

3. 内心缺乏父母的爱。

父母是孩子的第一任老师，是他们生下来之后最为依赖的人。父母本该给孩子更多的关爱，让孩子建立起内心的依赖感。而父母以这种伤害的话来对待孩子，很有可能让他们越来越逃避父母。

作为父母，要怎么做才能避免语言暴力呢？

1. 懂得控制自己的情绪。

无论多生气都不要在孩子面前发泄情绪，更不能因为不开心而说出一些伤害孩子的语言。

2. "同理共情"很重要。

同理共情就是要多站在孩子的角度考虑问题，不要以大人的角度去思考和评判一些事情的对错。

3.多和孩子交流，了解孩子的内心想法。

在和孩子的交流过程中，你就能发现为什么这件事孩子做不好，然后帮助孩子一起去完成，这样既可以避免语言暴力，也可以增加父母和孩子之间的感情。

4.建立比较融洽的解决方式。

用充满爱的方式去解决一些问题。

和孩子沟通，
父母要多一点儿耐心

　　据相关调查显示，现在的孩子和父母的交流越来越少，有些严重的甚至是零交流，所以，一些家长在面对孩子不配合交流的时候也会非常苦恼。

　　首先多陪伴孩子，让他从内心接纳你，愿意与你沟通交流。你的陪伴能使孩子开心、愉快。其次以理服人，孩子犯错，不要使用简单粗暴的方式处理，尽量去引导、说服。比如可以用小玩具来和孩子沟通。

　　下面，我们来看一个案例。阳阳妈妈和小伟妈妈带着孩子一起逛街，走到一家电子产品的店铺时，一个店员走了过来。拿着游戏机站在门口向路人展示着这款游戏机。阳阳和小伟走向店员，店员让他们试玩了一下这款游戏机。

　　阳阳拉着妈妈的裙子说："妈妈，我想要。"阳阳妈妈说："阳阳，这个游戏还不适合你玩，咱们先不玩好不好。"

阳阳说："我不要，我就要这个。"阳阳妈妈说："咱们不是说好了，晚上和爸爸一起做游戏吗？难道你不喜欢爸爸了，更喜欢游戏了？"阳阳摇了摇头。

阳阳妈妈抚摸着阳阳说："爸爸知道了肯定很开心，因为阳阳在游戏面前选择了爸爸。"

阳阳笑着说："我喜欢爸爸，不能让爸爸伤心。"

而小伟这边就不那么好解决了。小伟妈妈大声吼道："家里全部都是你的玩具，不买。"小伟坐在地上哭着说："我就要买嘛。"小伟妈妈说："今天无论你怎么哭，我都不会给你买的。"小伟一听没有任何希望可以买到这个玩具，哭得更厉害了。

小伟妈妈在旁边吼道："你再不站起来，我就打你了。"阳阳妈妈走过来说："小伟妈妈你别生气。"小伟妈妈说："这个孩子一点儿都不听话。"

阳阳妈妈走到小伟面前跟他说："小伟，今天晚上来我家一起玩游戏好不好，阿姨保证比这个游戏好玩。"

小伟慢慢放低了哭声，好奇地问道："是什么游戏呀。"阳阳妈妈说："这个游戏等你来我家的时候，你就知道了，现在还要保密。"小伟好奇地说道："那我也想要参加。"

阳阳妈妈说："非常欢迎小伟加入我们的游戏，成为我们游戏的一员。"

小伟高兴地说："晚上可以玩游戏喽。"小伟妈妈很是佩服地说:"阳阳妈妈你真厉害。"阳阳妈妈笑着说:"现在孩子还小,他们很多话都是听不进去的,所以咱们要换一种方式和孩子沟通,虽然用暴力也可以解决,但是孩子心里会和你产生隔阂,所以,咱们改变一下沟通方式就可以了。"小伟妈妈说:"是的,看来我以后也要换一种沟通方式去和小伟交流。"

那么,孩子不配合的原因有哪些呢?父母平常很少陪孩子,也很少和孩子交流,不知道孩子内心的想法和需求。

比如,你一个月就只陪孩子一天,其他时间都在玩手机或者是上班,那么孩子就会和你有距离感,你和他交流,他就会下意识地不配合。

比如,每次遇到一些事情,父母总是用简单粗暴的方式去解决,比如责骂、体罚,打断孩子的话等。久而久之孩子就会对父母产生抵触心理,觉得父母不爱自己,父母肯定也不愿意和自己说话,自己还是不要和父母交流的好。

孩子的每个成长阶段都会不一样,父母要了解孩子现阶段的想法和要求,然后去交流。就比如一个 4 岁的小孩,正是对一切事物充满好奇的阶段,也是正贪玩的时候,父母天天让他在房间里做作业和参加各种培训班,那么,孩子就会觉得父母不爱自己,也会讨厌父母,这样就不会主动和父母交流了。如果父母多带孩子出去郊游,带他出去见各种新鲜的事物,那么他就有话题可以和父母聊了。

所以，归根结底，还是要父母多陪伴孩子，在陪伴孩子的过程中了解孩子的想法和需求，然后对症下药。父母只有了解了孩子的想法，才能更好地和孩子交流，这样孩子就会配合父母。在孩子的成长过程中，父母是孩子最亲近和最信任的人生导师，他们又怎么会不愿意与你交流呢？如果孩子不配合的话，建议父母换一种沟通方式，不要觉得是孩子不懂事，不愿意和自己交流，而是父母没有引导好孩子怎么和自己交流。

深入沟通，
帮助孩子释放负面情绪

人无完人，每个人都有释放负面情绪的时候，每个阶段的负面情绪都不一样，而且在现在快节奏的生活中，每个人的压力都随之增加。

大人有时压力大了情绪难免会低落，会找自己的好朋友和父母诉说，然后得以释放，或者是去运动和旅游。

孩子的负能量该如何释放？小孩子也是有负面情绪的，家长该怎么帮孩子排解？

孩子们并不比大人简单。可惜，很多父母都忘记了自己也曾是孩子，下意识地与孩子们丰富的内心世界做了隔离，习惯把孩子看成是简单的、缺乏理智的小孩子，遇到解决不了的问题，都会通过大脑的理性分析，对孩子进行一番论断、评判或盘查。

比如：青儿的父母最近因为装修房子的事情经常吵架，所以她非常希望自己的父母不要吵架，但是她不知道怎么解决，性格活泼可爱的青儿现在经常忧心忡忡的，而且上课也经常分神，导致成绩越来越差。老师就找来了青儿的父母，结果青儿的父母当着老师的面互相指责对方没有关心孩子的成绩，所以才导致孩子成绩的下降。

看着父母吵架的青儿流下了眼泪，默默地走进了教室，只留下吵架的父母。老师这时一下子明白青儿为什么忧心忡忡的了。

老师把青儿带到学校的草坪，和青儿坐在草坪上。"青儿，老师是不是你的朋友呀。"青儿点了点头："是。"

"那青儿最近是不是有烦心事呀，能不能告诉我这个朋友呢？"青儿迟疑了一下说道："我爸爸妈妈最近经常吵架，我不想让他们吵架。"

"原来是这样呀！"老师笑着说道。老师把这个情况告诉了青儿的父母，青儿的父母这才意识到自己的问题，才知道孩子也有负面情绪，而且这些负面情绪得不到解决会对孩子的学习和生活造成不良的后果。

青儿的父母和青儿说以后再也不吵架了，还带着青儿去郊外游玩。青儿的负面情绪得到了释放，现在又是那个活泼可爱的小女孩了。

美国著名教育家杜威说过，幼儿阶段的成长状态是"生活即游戏，游戏即生活"。如果发现孩子有负面情绪，可以通过做游戏来解决这个问题。

比如一个发生在我身边的真实案例。小的时候我们家的那条街上有几个小女孩关系特别好，每天一起上学放学，放学后就相约一起去麦田、山坡上玩。可是，突然有一天她们就不理我了，都不和我玩了。我回到家里一直哭，妈妈发现我哭了，就耐心地询问我："宝贝你怎么了？""妈妈，我的小伙伴们都不理我了，不愿意和我玩了。""原来是这个问题，所以我的小宝贝哭了是吗？""那妈妈和你一起去问问她们为什么不理你了好吗？"我点了点头。妈妈看到在街上玩的小伙伴，把她们叫了过来。阿姨问你们："你们为什么不和小雅玩了呀？"她们都沉默不语。

妈妈耐心地说道："咱们来玩石头剪刀布好不好，赢了的有糖吃，然后进行真心话好不好？"

小伙伴异口同声地说道："好。"妈妈和他们一起玩石头剪刀布，妈妈赢了。

妈妈说道："我赢了，但是阿姨还是会给你们每个人一块糖，但是你们要告诉阿姨为什么不和小雅玩。"

小伙伴说道："因为她老是流鼻涕，流鼻涕的小孩脏。"妈妈说道："因为小雅最近生病了，所以才流鼻涕，以后阿姨给她准备个手绢让她擦鼻涕，这样就不脏了，你们就和她玩好不好？"小伙伴们都点了点头，通过妈妈的解决，我又可以和小伙伴一起玩游戏了。

在和小伙伴玩的过程中，很多的负面情绪也都抛之脑后了。

帮助孩子释放情绪的小妙招：带孩子亲近大自然，让他们把负面情绪抛之脑后。玩游戏，在游戏中解决他们的烦恼。父母经常和孩子沟通，来听孩子诉说自己的烦心事。父母要经常陪伴孩子，要经常和孩子交流，进而发现孩子的负面情绪，然后去帮孩子把负面情绪释放出来，这样孩子不但能感受到父母对自己的爱，也会有更好的心情去生活和学习。爱其实很简单，就是陪伴和交流。

学会表达情绪，
而非带着情绪表达

开心、伤心、高兴、生气、喜悦、愤怒等都是人的正常情绪。情绪本身并无好坏、对错、是非之分，不良的情绪，是指一个人对客观刺激进行反应之后所产生的过度体验。即便是负面或者消极的情绪，都有它的功能和价值。

应对糟糕的情绪，通常情况下，人都是通过两个办法解决：忍在心里或爆发出来。所以当情绪上来时，不是情绪导致了不良后果，而是处理情绪的方式、方法使情绪产生了消极或积极的作用。

管理情绪，几乎是所有妈妈都会遇到的问题。因为任何人都会有情绪，脾气再好的人都有愤怒、生气的时候。因此，妈妈在与孩子相处的过程中需要控制好自己的情绪，不要将不良情绪发泄到孩子身上，以免给孩子造成严重的心理创伤。

情绪管理可以理解为人们常说的情商。一个人管理情绪的能力越强，他的情商就越高。因为可以控制好自己的情绪，就代表可以掌控自己的心情，一个能掌控心情变化的人，足以应对外界的任何变动。

当然，情绪变化多端，很多人都无法控制自己的情绪，尤其是需要操持各种事务的宝妈，很难随心地管理自己的情绪。因此，妈妈要想控制情绪、管理情绪，必须正确认识情绪。

一、任何情绪都是你身体的正常反应

妈妈们需要明白，情绪只是你身体对当下所处的环境、经历的事件的真实反应，不管是正面的，还是负面的，都是正常的人体反应。

众所周知，人在兴奋时会分泌更多肾上腺素和多巴胺，这些会进一步刺激我们的大脑，提高人体的活跃度，反之，当人处于失落或者生气状态时，身体也会最先感知到变化。

然而，我们自小所处的社会环境和接受的教育理念，通常会让我们对不良情绪心生厌恶。

倘若一个孩子由于没有写完作业被责罚，他很有可能会心怀愧疚，甚至默默流泪。面对这种情况，家长通常会选择阻止孩子继续"失态"。这就导致许多孩子在未来的成长过程中，只会积极地分享她所遇到的开心的事情，情绪低落时遇到事情反而会独自承受。

二、有效管理所有情绪

即使所有的情绪都是人体的自然反应，也不能任它自由来去。

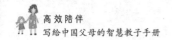
不管是负面情绪还是正面情绪，都需要管理。

控制负面情绪很好理解，这可以让我们排解忧愁，不被不良情绪伤害。但是正面情绪为何也需要管理呢？非常典型的例子就是"范进中举"，处理不好正面情绪，也会将人导入不利的境地。

我遇到过很多情商很高的妈妈，她们也并不是没有负面情绪，而是能恰到好处地管理情绪，不让情绪忽高忽低，也不会让心情忽好忽坏，她们总是能平和地与孩子相处，并且保持好自己的状态。

三、管理情绪的关键是学会表达情绪

很多人对这个问题不以为然，认为谁不会表达情绪呢？实际上，多数人都无法正确地表达自己的情绪，他们自以为是的表达，其实是"带着情绪表达"。

人的情绪都是一点一点被调动的，很多人情绪上来的时候，第一反应是憋在心里或者隐藏起来，自己慢慢"体会"，之后又通过各种细节表达自己"我很不好"，例如，当孩子犯错时，有很多妈妈们什么都不说，但是却冷着脸对孩子不理不睬，甚至通过冷漠走开的方式告诉孩子"我很生气。"

这样冷处理的方式就是带着情绪表达。表达情绪的关键是用坦诚、明了的方式、态度、语气告诉对方你的感受，并针对触发情绪的原因和对方进行有效的沟通。

四、觉察自己的情绪

很多妈妈向我反映说，自己总是在跟孩子发完脾气之后就后悔，但是当孩子再一次犯错时，还是忍不住会对他发脾气。

其实，妈妈们能意识到自己的情绪问题，就表明自己在试着反省自己，只不过还没办法很好地管理自己的情绪。如果妈妈们想要在孩子做错事情、自己的情绪上来的时候，用不伤害孩子，又能有效处理问题的方式去应对，就需要提高自己对情绪的觉察力。

1. 将反省化为实际行动。

妈妈们要明白，意识到情绪和学会处理情绪一样重要，只不过，单单是认识到自己的情绪问题还不够，如果之后不付诸行动，将不会有任何改变。

至于如何在情绪上来的时候合理地调配自己的情绪，其实方法有很多，妈妈们可以先从翻阅相关的书籍做起，也可以跟有经验的宝妈分享有关的经历。

最重要的一点，你要明白你的目标是"使你的行动和你的注意力保持一致，不被情绪牵着走，按照反省后的想法去做，今天要比昨天有进步……"只要妈妈们可以信念坚定地朝着这个方向走，那就一定会有所收获。

2. 及时释放自己的情绪。

这个方法的关键是不要积压自己的情绪。很多时候，我们会习惯性地将 A、B、C、D 等事情上的情绪攒起来发泄到 E 这件事上，这就很容易导致情绪失控。

所以，妈妈们在激烈的情绪产生时就要通过疏解、释放等方式把情绪排解出来，可以先试着深呼吸，再找准触发情绪的原因，坦诚地接受情绪并表达感受。

3. 反省并记录情绪。

保持每天反省的好习惯，即使不能做到事事反省，也尽量每天自我反省一次，并把我们的情绪做成情绪日志，每周复盘一次，做到持续不断地反省。

这些管理情绪的方法，可以帮助妈妈们在陪伴孩子的过程中拥有蓬勃、积极的内心力量，不会因为自我的情绪波动产生心理压力，从而让陪伴更有效，亲子互动更有爱。

学会站在孩子的
角度看问题

　　星期天，我送9岁的儿子登登去学画画，路上我们聊着天。我问他画具画纸怎么没拿，他说放画室里了。我一听，又下意识地否定他的做法，开启了我的讲道理模式："你放画室里，会不会丢了啊？假如别的小朋友拿错或拿走了呢？还是拿回家安全。"他听了，一脸的抗拒，不耐烦地说："妈妈，你又来了，为什么总是这样呢？为什么总不相信我的选择呢？我说没问题就没问题，我已经写了名字做标记了。"

　　我听了，马上意识到自己的问题。于是当即抑制自己想继续教育他的冲动，深呼吸，然后肯定了他的想法。我诚恳地跟他说："儿子，我错了，我不应该不相信你，你长大了，我应该相信你有一定的判断能力了。"我趁势再跟他探讨，是不是他的作业也不用我督促了？这时候，他却理性地看待这件事了，他说："妈妈，我觉得督促我做作业这件事是好的，你督促我，我就会在周六前做好

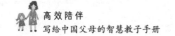

作业，不用等到星期天再急匆匆地做，又累又困的。"

他居然能理性地看待我啰唆的"监督"，而不是一味否定我的"霸权"，那一刻，我感动极了。

记得很多时候，我不准他干什么或否定他的做法时，会跟他讲道理、摆事实，我觉得我道理分析得很棒，连自己都感动了，他却是用一脸的嫌弃来回应我。

有时候干脆不等我说完，或刚一开口说，他马上就说："别说了，妈妈，好烦！"

每当这个时候，我都感觉家长的权威被挑战了。于是，我便用粗暴的方式强制他。他总是无奈地屈从，最后却是留给我一记嫌弃的眼神。

我知道与他的沟通出现了问题，在教育方面我也黔驴技穷了。这一次的意外收获，让我知道了怎样才能与儿子沟通，如何能与孩子好好相处。我想，为什么登登此刻能如此地通情达理呢？

大概是因为我站在了他那一边，我从他的角度去看待他的做法，从而肯定了他的做法。他感觉到被尊重了，所以，他愿意敞开心扉与我进行良好的互动。

这个做法，心理学上有个专属名词，叫"共情"，共情又译作移情、同感、同理心、投情等，是人本主义创始人罗杰斯首先提出来的概念。

根据罗杰斯的观点，共情是指体验别人内心世界的能力。也就是说，共情能设身处地地体验他人的处境，对他人情绪、情感具备感受力和理解力。在与他人交流时，能进入对方的精神境界，感受对方的内心世界，能将心比心地体验对方的感受，并对对方的感情做出恰当的反应。

有育儿专家说，在育儿手段中，共情是一种非常科学的方法。在与孩子建立良好的亲子关系的过程中，共情是非常重要而且是很有效的手段和技巧。

假期里的一天，登登与两位小表姐一起吃早餐，其间他与一个小表姐因争座位闹了点儿矛盾，但都很快解决了。在这个过程中，我没有参与，既没有教育登登，说他应该把座位让给客人；也没有因为那座位平时一直是登登的固定位置，而责怪小表姐不礼让弟弟。

过了一会儿，我从房间里出来，发现登登的两个小表姐很亲密地挤在一块坐着吃早餐，登登却一个人坐一边，闷闷不乐地，眼里还噙着泪珠。

那一刻，我体会到他的心情，但我没有像往常那样询问他，没有讲道理开解他，而是站在他的角度，从他的心理需要出发，我知道他那一刻最需要什么。

于是，我用似是呵斥却又轻松随意的语调教训两位小表姐："你们怎么回事呀？有座位不坐，非得黏在一起。落登登一个人坐着，姐姐怎么能欺负弟弟呢！"她们看我带着笑地教训着，心里没有一点儿不愉快，也很诚恳地回应道："我们没有欺负他的，我们只是喜欢坐在一起。"我似无意却是有意地对登登说了一句："她们女孩就喜欢黏一起，黏黏乎乎的。"这时，我发现登登那受伤的表情没有了，脸上又轻松愉快了，很认真地听着我们的对话，完了又愉快地动筷子吃早饭了。我知道，用这个方式来安抚情绪会很奏效。这个过程中，我没有采用同情的方式，一味呵护他受伤的心，而是从他的心理出发，接纳他的情绪，体会他的想法和内心感受，通过我的嘴将它们表达出来。

那一刻，敏感的他认为表姐们这样是孤立了他，所以他感觉到了受伤。

要抚平他受伤的情绪，首先，他得需要有人帮他把这种感受说出来；其次，他需要确认小表姐们并没有在情感上孤立他。

这就是"共情"的育儿手段，给予孩子共情，是指站在孩子的角度上看问题，从孩子的感受出发，理解孩子的感受、接纳孩子的情绪，并帮助孩子把想法表达出来让他们认识到自己的情绪，这对他们今后学会控制自己的情绪，有很大的帮助。

"共情"用对了，能迅速地与孩子构建良好的沟通关系，从而建立良好的亲密关系；但错用了"情"，会适得其反。

做一个
善于倾听的好妈妈

每个年龄阶段都有自己的小烦恼和小情绪，别看孩子小，小孩子也有困惑和烦恼的事情。大人平常遇到一些困难和烦心的事情时会找好友去倾诉，倾诉以后心中的愁绪就会有所缓解。

当然，小孩子也有自己小小的烦心事，但是在不少家庭中，父母都缺乏倾听孩子说话的习惯，他们常常不等孩子把话说完就直接打断，或者去主观臆断，仅凭自己的猜想就给孩子下结论。

比如，小明写完作业走到客厅问道："爸爸，我作业写完了，可不可以……"爸爸不耐烦地说道："又想去看动画片是吧，天天就知道看动画片。"

小明小声地说道："我只是想问问爸爸可不可以帮我检查一下。"这样的情况下，小明可能下次就不敢来主动让爸爸帮自己检查作业了，久而久之，孩子和爸爸的感情也会有隔阂。童年缺乏父母倾听的孩子，内心得不到释放，他们会感觉到不被尊重，就很难体会到被爱的感觉。这样的孩子容易自我否定，也会产生自卑的心理，觉得自己不够优秀，父母不喜欢自己，会影响孩子以后的成长。美国心理学家研究发现，在教育孩子的过程中，父母认真倾听，会帮助孩子认识到自身存在的价值。

有些父母会经常打断孩子说话，不让孩子把话说完，这种父母教育出来的孩子，也会学着父母的说话方式去对待别人。这样孩子可能很难有玩得好的小伙伴，也会遭到其他小孩的排挤和孤立。

此外，有时候小孩子的表达能力还不健全，如果父母不好好地去听孩子说，就会传达给父母一些错误的信息，这样也会造成一些不必要的麻烦。

比如，小兰去幼儿园接上学的女儿，女儿回到家里奶声奶气地说："今天老师用手拍我的屁股了，因为……"小兰没听完立马就给老师打电话，生气地问："我女儿今天犯了什么错了，你打她的屁股？"

老师疑惑地说道："我没有打她的屁股呀。"小兰拉过女儿问道："今天老师是不是打你的屁股了，你告诉妈妈。"女儿奶声奶气地说道："是。"老师思考了一下耐心地问道："惠儿，是不是今天春游在公园玩的时候，你在地上摔倒了，老师拍打了你的屁股呀。"女儿嘟着小嘴点着头说："是的。"

老师继续问道："是不是老师拍打你的屁股时，你觉得有点痛呀？"

女儿委屈地点点头，说："嗯，很痛。"老师温柔地说道："那老师跟你道歉，以后轻一点儿可以不？"女儿点了点头。小兰不好意思地赶紧道歉："老师，对不起，是我没听完整小孩子的话。"学会倾听的四要点是：停、看、听、说。停下每天忙碌工作的脚步，看到自己的孩子，耐心地听孩子说出这件事，父母说出对这件事的看法，让孩子有正确的价值观。

父母在倾听的过程中，也是一种陪伴孩子的过程，也是和孩子建立感情的过程。倾听是要把注意力放到对方的身上，它是爱的具体表现。小孩子最直观的爱就是陪伴，谁陪伴他的时间长，他就会信任和依赖谁。所以，父母一定要耐心地倾听孩子的小烦恼和小秘密，这样才能和孩子建立良好的感情。千万不要在孩子出现了一些问题后才追悔莫及。

多陪伴、多倾听、多交流，这样父母才能和孩子的感情越来越深，让孩子成为一个有爱的人。

帮助孩子摆脱苦恼有四个诀窍：全神贯注地倾听；用简单的话语回应他们的感受；说出他们的感受；用他们喜欢的方式实现他们的愿望。

确保把爱的信息
传递给孩子

　　我们的儿女，在某些时候充当了老师的角色，能够帮助我们改变自己的一些生活态度和方式，很多人会被这种想法所吸引。不过，把孩子视为老师这个理念，虽然听起来充满启发性，值得赞赏，但在认可这个理念和真正接受现实之间，仍然存在着不小的差别。

　　孩子确实会唤起我们心中无法想象的爱。但他们也会激发我们性格中的阴暗面，唤醒我们一些不好的天性，比如容易不耐烦、缺乏宽容，这令我们感到羞愧，不知所措。

　　为了活在当下，关键是要保持平衡，但没有什么事情会像育儿一样如此考验我们的能力。养育子女绝不可能是平和安宁的，兄弟姐妹之间的争吵，做得乱七八糟的作业，因为电子游戏吵架，这一切都是家庭生活中非常熟悉的画面。想象中的场景与眼前孩子们日常生活的现实，很容易发生冲突。即使经验最丰富的冥想者或瑜伽修行者，也会发现自己竟然对着孩子大喊大叫，威逼利诱或施以惩罚，即使他们希望在任何情况下都能保持冷静体贴。

俗话说："学生准备好学习的时候，老师就会出现。"我一直都很相信这句话，每当我准备好在心理、视野或精神方面提升自我时，仿佛就会出现从天而降的机会，让我能够成长、进步和学习。也就是说，我其实并非始终刻意让自己成长、进步和学习！如果是那样的话，我会觉得自己像是身不由己地参加了一个并不想去的学习班！

家长朋友们，如果你在学习正面管教，你会经常听到一句话——"关系大于一切"。所有的育儿方法、育儿工具都有一个前提，那就是我们和孩子拥有真正的彼此相爱、彼此尊重的关系。

每个家庭教育孩子的方式千差万别，一般来说父母可以分为四个层次：第一层次，舍得给孩子花钱；第二层次，舍得为孩子花时间；第三层次，家长开始思考教育的目标问题，肯为孩子学习；第四层次，家长为了教育孩子而去提升和完善自己。

你停留在哪个层次呢？作为父母无论停在哪个层次，我们都想对孩子表达父母对他们的爱，同时也想让孩子感受到父母的爱。

无论说什么或做什么，用言语或者非语言的方式，父母单方的表达或者互动式的表达，重点都是让孩子和我们在一起时感受到爱，确保把爱的信息传递给孩子，确保孩子们接收到父母的爱的信息。

虽然孩子和父母拥有天生的关联，但别忘了建立良好的关系是需要花时间的，同时也值得我们花时间去了解孩子的想法，孩子是个怎样的人，而不是被我们的父母说教说服后而成为什么样的人。确保把爱的信息传递给孩子，是你能够给予自己和孩子最伟大的礼物。孩子对自己的看法是通过他们对你的感受、感觉和感知形成的，当孩子感受到爱、归属感和自我价值时，他们就能够开发自己的全部潜能，从而能成为一个快乐的、对社会有所贡献的人。当爱的信息得到传递时，你对孩子的积极影响也就能传递给他们。对此，父母们应该这样做。

一、坚持、反复告诉孩子"我爱你"

帮助你的孩子感受到你爱他的最简单的方式，是每天说很多次我爱你。对于大些的孩子，父母可以用文字、留言、纸条、写信等方式让孩子收到我们的爱，我们需要经常练习把爱说出来，比如"我爱你""你对我如此重要""我相信你的判断"等爱的语言，让孩子真的感受到爱，并体验到没有什么比他们更重要。

二、用行动传递爱

放下我们作为父母的威严，放下我们父母们平日里的严肃、认真的姿态，轻松地和孩子在一起，轻松地和孩子一起做游戏，幽默地与孩子们共处，多多进行眼神的交流、肢体上的接触，多多给孩子拥抱。肢体上的接触比你对孩子一直说话来得更直接，传递的感情更亲密，而且更容易让孩子有亲切感和依赖感，也能更好地营造欢乐的气氛，拉近我们和孩子之间的距离，建立更好的情感连接。

三、要和孩子一起计划特别时光的安排

孩子们需要有与父亲和母亲单独相处的时间。孩子小的时候，我们相对能有比较多的时间和他们待在一起，比较容易和孩子逗乐。而孩子慢慢长大了，我们反而会忽视和他们在一起的时间。在陪伴的时光里，我们的状态应该是身心合一，整个人和心都在这里，是临在地、专注地、带有一份觉知地和孩子在一起。在这个时间里，孩子就是我们关注的全部，忘掉我们的工作，让我们身心合一地和孩子在一起，百分之百地关爱着孩子。

父母们可以设定一个特别时光，作为日常的一个惯例。在度过特别时光时，要安排一些你和孩子都喜欢的活动。无论是和孩子在一起做什么，重要的是要花时间享受乐趣，要在活动中留下一些家庭乐趣的美好记忆，而不是严肃地待在一起。家庭乐趣的营造不必花费很多时间或金钱，需要的是身心的投入和玩耍的意愿。

四、倾听孩子，让孩子感受到"我是如此重要"

当父母和孩子在一起时，双方目光接触，父母带着好奇心，闭嘴倾听，注意力专注在孩子身上，这样能让父母充分走进孩子的内

心，善于倾听的父母会更容易培养出善于倾听的孩子。当我们腾出时间，安静地坐在孩子的旁边时，当孩子对我们说话时，我们闭上嘴，目光接触，眼神平视，关注着孩子而不是经常打断、解释、辩护、说教或者命令孩子。有时抚摸抚摸孩子的头，轻轻地碰碰他的小脸，和孩子搭肩、挽手臂等。

在去了解孩子对事情的看法、对事情的渴望的过程中，如果父母有想法、有建议、有疑问，那么请先等一下，等孩子说完自己的想法后你再提出。这种专注的、尊重的陪伴，才能提高孩子的自信。

Part 8

用心捕捉和孩子的
幸福瞬间

安排特别时光，
和孩子来一场约会

　　生活需要仪式感，最近这句话在网站上很流行。我们平常都会说和春天有个约会，去看下春天的姹紫嫣红和万物复苏。不要忘了和自己的孩子来一场特别的约会，让他们在枯燥的学习中享受到父母的爱，孩子就像花一样需要用爱去浇灌，这样他们才能更茁壮地成长。

　　据调查，在2—5岁之间，孩子需要保证每天至少有15分钟的特别时光。当然，多一点儿会更好。无论父母工作多么繁忙，只要能抽出15分钟，就能体会到"特别时光"的神奇效果。

　　在6—11岁之间，或许孩子出于功课作业的原因，父母们可能觉得他们不需要每天都有特别时光，认为他们更重要的任务是认真学习。但事实上，他们仍希望每周至少有2个小时的"特别时光"来缓解他们的学习压力。

　　一位董事长爸爸在陪她3岁的女儿在外郊游，享受和女儿的

"特别时光"时，手机响了，这位爸爸没有直接挂掉，而是接通电话说："对不起，我现在不便和你通话，这是我和我女儿的'特别时光'。稍后，我会与你联系，来商量相关事宜。"女儿听到爸爸说现在是只属于自己和爸爸的时光时，一下子跳到爸爸身上用力地亲吻着爸爸的脸。女儿高兴地说道："爸爸，原来我比你的工作重要，我们有属于自己的特别时光，我好爱你。"

爸爸举起女儿高兴地说道："你当然比工作重要，因为你是爸爸最宝贵的东西。"

女儿和爸爸的笑声在空中回荡，这一幕是多么幸福呀。特别时光，可以是给孩子讲故事，也可以是在公园里玩沙子，还可以是帮爸爸妈妈做家务，总之只要父母停下脚步陪伴孩子，让孩子知道这个时光是只属于他和父母的，是爸爸妈妈爱他的表现就可以了。

安排特别时光的原因如下。

1.孩子会觉得父母重视自己，会感受到归属感和自己的价值，觉得父母和自己在一起也会很开心，父母需要自己的陪伴。

2.安排特别时光可以经常提醒自己要尽到父母的责任，要对孩子的成长负责。

3.有了特定的"特别时光"，会让孩子更容易接受忙碌时你暂时没时间陪他们的事实。你可以这样安抚孩子："宝宝，妈妈现在忙，但我期待我们6点半的特别时光，你先去准备一下，等下妈妈就来找你。"这样就能使孩子乖乖地待在一边自己玩，不再捣乱，

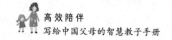

而父母也可以安心地做事。

4. 会增加孩子的浪漫气息，提高他们的交际能力和处事方式。比如孩子的朋友来找自己玩，可是自己还有作业没有完成，孩子就可以对朋友说："我先把作业写完，然后咱们两个就可以有自己的特别时光了。"那孩子的朋友就不会打扰他学习了，反而还会很期待等会儿的特别时光。

安排特别时光的好处如下。

1. 提高孩子和父母独处时的兴致。

2. 让孩子从小对生活就有仪式感，更加热爱生活、享受生活。

3. 增加了陪伴孩子的时间，提高了陪伴的质量。

4. 让孩子从小便认识到时间的宝贵和亲情的珍贵。

5. 在这场家庭的特别时光中，父母之间的感情也会随之增加。

每个家庭都可以根据自己的情况设定属于适合自己家庭的特别时光，特别时光不在于时间的长短，而在于父母对孩子的爱、相处得是否开心，低质量的长时间陪伴比不上高质量的短时间陪伴。

亲爱的父母，和孩子开启一段特别时光吧，来一场开心并充满爱的约会吧！

不把时间花在
和孩子较劲上

看着躺在沙发上熟睡的妹妹（女儿），我心里想着："真是个闹腾的家伙"。这个时候已经是傍晚6点多，都该准备吃晚饭了。

从6点睡到7点多，妹妹足足睡了一个多小时。而下午，我从2点哄她睡午觉哄到4点，足足耗了两个小时她都不肯睡，就想一个劲儿地玩。在这期间，无论是奶睡、抱睡、哼小曲儿哄睡还是硬把她摁住一起睡，最终都以失败告终。我当时的信念就是："吃午饭的时候你都那么困了，为什么现在到床上就不肯睡觉了呢？不行，无论如何我都要让你睡个午觉。"

结果，我就跟自己的孩子较起劲儿来，其间还跟她凶了几次，把她给弄哭了。

最后，当耐性完全被磨掉以后，我率性地把她放在小床上，出去干活去了。我忙活了多久她就站着哭了多久。听着她哭，我不是不心疼，也知道这样的"惩罚"对她来说没什么用，毕竟她还很小，只知道她看不到妈妈会觉得很伤心。但是我当时的心情是希望自己先离开一会儿，冷静冷静，家里的活儿又一大堆，心情更是烦躁得不行。等家务活干完以后，我再次走进房间，她立马收住嗓门，对着我一个劲儿地笑。看到她的笑容，我也没气了，心疼得把她抱起来往窗外看风景，语气变得温和了许多。或许是下午闹得累了，又或许是哭累了，就在我准备喂妹妹吃饭的时候，她竟然坐着坐着就睡着了。无奈之下，我只能把她放到沙发上躺一会儿，谁知道她这一躺就是一个多钟头。

这孩子，真是让人又爱又恨！不过，回头想想，我对自己的女儿是不是太较真儿了？既然她不想睡只想玩，那么我是不是应该尊重她的要求，而不是按照大人制定的那套规定，让她几点几点要干嘛干嘛，或者不能干嘛干嘛？养成习惯是好，但我偶尔是不是也应该变通一下，顺应她的实际情况呢？等她真正想睡了，你压根不用耗费任何时间精力，她就会乖乖地睡着。最终导致的结果不就是把饭点往后推推罢了，没什么大不了的，她饿了自然会醒过来找吃的。

不仅仅是睡觉问题，吃饭问题也是，大人没必要强求她吃饭的时候做到完全不弄脏桌面和地板，甚至不弄脏自己的脸蛋和小手。有好几次，妹妹的姨母过来看她，都恰好碰上了喂饭时间，当妹妹吃得脸上、衣服上都有食物的时候，姨母二话不说立马抽出纸巾给她擦脸擦衣服，一边擦一边啧啧地说道："怎么这么脏？怎么这么脏……"每次我都跟她开玩笑说："阿姨，像您这样给她擦脸，那一天得用多少纸巾啊？"虽然阿姨觉得这样的干预有点儿过，但还是忍受不了小孩子吃饭脏兮兮的样子。

毕竟妹妹还小，而且还处于认知阶段，口欲期、手欲期都还没过，吃饭弄得到处是脏的现象再正常不过了。

至于吃饭的量，也不要强求孩子必须吃完多少。其实她能吃多少就吃多少，不愿意吃了也不要硬塞。有些宝妈觉得，自己做辅食做得那么辛苦，还花了那么多心思，你不吃完它怎么行呢？所以，跟孩子又展开新一轮的较劲儿……因为这些事情，大人们跟一个什么都不懂的孩子怄气又有什么好处呢？最后反倒让自己一个人生闷气罢了。每个孩子来这个世上一趟，都是为了与你共建亲密关系的，而不是让父母一方来训斥孩子的。孩子会不断成长的，也会渐渐明白你对她发出的各种号令和信息，从而做出反应，这就需要我们大人慢慢地引导和教育，而不是自己一方执着地跟孩子较真。这不仅会伤害小孩子的心灵，大人也会感觉身心疲惫，甚至懊恼追悔。最终造成两败俱伤，何必呢？

所以，大人和小孩之间得找到一个平衡点来相处，不要用大人的思维去控制孩子的思维和行动，而是要在恰当的时候给他们做出适当的引领，这样彼此相处起来才不会感觉费劲儿，反倒更加融洽了彼此之间的亲密关系。同时，大人们也会发现，育儿其实也不是一件太难的事情。

爱的书信，
是你时刻陪伴在身边的证明

陪在身边才称得上是陪伴吗？狭义上的理解确实是这样，但事实上，真正的陪伴是心灵上的，两颗心始终如一的靠近才是陪伴。

现实之中不是有很多这样的例子吗？妈妈寸步不离地陪在孩子身边，可孩子还是觉得孤单，甚至觉得陪伴在身边的妈妈，好像一个无法交流的大玩偶一样，没有切实感。这是因为妈妈的心不在孩子身上，或者说妈妈的爱无法传达到孩子的心里，所以即使时时刻刻待在一起，也无法疗愈孩子内心的孤独感。

这样的例子表明，真正的陪伴是心灵上的、情感上的，外在形式的相处、厮守所起到的作用很有限。

尤其是在现代社会，世界都处于一种快节奏的忙碌当中，能闲下来好好相处的时间并不多。很多宝妈不仅要兼顾家庭和工作，还要应对整个世界，她们的时间更加稀缺，能够长时间地陪在孩子身边的机会少之又少。

但是聪明的妈妈总会想尽各种方法来平衡这种情况。有位宝妈给我分享过她的陪伴心得，用书信代替自己，在不能陪在孩子身边的时间，将爱装进书信里，传达给孩子。

手机和电子产品出现以前，书信是分隔两地的人们情感交流的主要方式之一。最知名的教育孩子的经典之作《傅雷家书》就是书信的结集。

这本书的作者傅雷先生将自己的爱写成一封封的书信，在儿子出国留学期间，代替自己陪伴在孩子身边。傅雷先生的书信成了儿子的至宝，时时刻刻润养着他的情感。正是这些书信的陪伴，最终使得傅雷先生的孩子成长为一个知名的成功人士。

中国的父母身边有着中国特有的文化属性——内敛、含蓄、包容。这些文化属性反映到情感方面，就导致了这种局面的出现，中国父母大多不善于表达自己的感情，更不会轻易对孩子说出很多深情的话来。所以，中国的孩子也如同父母一般，很少将"我爱你"挂在嘴边。

由于书信具有很强的画面感、立体感，所以更容易保存到小孩子的脑海里。而且孩子在回复你书信时，也可以锻炼自己的语言表达能力和文字表述能力。

书信式的陪伴和教导，还有一个优点：可以有效地缓冲妈妈的愤怒和冲动行为。

很多小孩子容易把爸妈的话当成耳旁风，所以会时常出现反复犯同一个错误的情况，这时候妈妈很可能控制不住自己的愤怒，对孩子进行指责，导致孩子委屈或受伤，如此也折损了陪伴的效果。

我至今还记得小时候发生过的一件事。当时我和妈妈一起去逛商场，我喜欢上一条红色的小裙子，就特别想要。

"妈妈，我想要那条红色的小裙子。"妈妈就问售货员："您好，请问这条红裙子多少钱一件啊？""单价280元，喜欢的话可以帮您取下来试一试。"然后妈妈就蹲下来对我说道："妈妈今天带的钱不够，明天我们再来买好不好。"我不愿意，一下子就大哭大喊起来，说道："不要不要，我今天就要买，明天就被别人买走了。"我坐在地上又哭又闹，妈妈没忍住，把我拉起来打了一下我的屁股。

之后回到家中，我依旧闹情绪，不和妈妈说话，也不吃饭，就把自己关在了屋子里，妈妈来敲门我也不理不睬。

直到第二天早晨起床的时候，我发现枕头旁边有一封信。信中写道：亲爱的女儿，妈妈向你道歉，昨天不应该打你的，打了你，妈妈也很伤心。可是，当着那么多人的面你又哭又喊，还坐在地上不起来，这是一种很不好的行为，别人会觉得这个小孩子怎么这么不懂事呀。

还有一件事，奶奶生病了，妈妈和爸爸把钱拿去给奶奶看病去了，妈妈不是不想给你买小裙子，只是现在家里剩下的钱不多了，以后等妈妈挣钱了一定给你买好看的小裙子。妈妈非常爱你、非常在意你，宝贝能不能原谅妈妈？

看完妈妈写的信，我非常愧疚，我没有体谅妈妈的辛苦，还这么不懂事，跟妈妈怄气，妈妈一定非常伤心。所以我就认认真真地给妈妈回了一封信："妈妈，我也要向你道歉，是我太不懂事了，我以后不买小裙子了，奶奶看病重要。我也爱你，妈妈，以后长大了好好赚钱，不让妈妈那么辛苦。"

我把信放在了妈妈的枕边，妈妈看完信走出来抱着我哭了起来，从此以后我再想买什么东西都会先问妈妈，妈妈就算不同意，我也不再哭闹了。

也是从那以后，我和妈妈经常给彼此写信，上学的时候、心情不好的时候，我都会把妈妈的信拿出来读一读，看着这些信就好像妈妈陪在我身边一样，很快就能让我生出勇气和希望来。

爱的书信，可以加深父母和孩子的感情，能让父母更深层次地了解孩子的内心，也可以见证孩子的成长，更可以变为陪伴，时时刻刻滋养孩子的内心。

陪孩子画下
最美的风景

　　现在的父母为了不让自己的孩子输在起跑线上，都会给孩子报各种兴趣班、补习班，一心想把孩子培养成全能型的人才。

　　而孩子就像一张纯洁无瑕的白纸，在父母、老师和周围环境的影响下，一点一点地画上属于自己的色彩。如果孩子的画作上没有父母，大约这幅画的色彩就不会温馨，而且内容浅薄，可欣赏的东西少之又少。

　　荷兰教育家伯纳德·李维胡德在《孩子成长历程——三个七年成就孩子的一生》一书中说道："孩子对他周围环境的感知越是无意识，这种感知渗透进灵魂的就越多。"

　　我有一个 5 岁的小侄子，由于哥哥和嫂子特别忙，周末也没有时间陪伴小侄子，所以在今年年初小侄子就被送进了画画培训班，结果小侄子在培训班不是打架就是到处跑，甚至还会撕毁画本，导致嫂子经常接到老师的电话和同班家长的训斥。嫂子向小侄子吼道："我挣钱还不是为了让你能过上更好的生活，你却一点儿都不争气，到处给妈妈惹麻烦。"小侄子站在一旁哭着说："我讨厌妈妈，妈妈是一个不回家的妈妈。"小侄子说完就向远方跑去，留下嫂子一个人站在那里伤心地看着小侄子弱小的身影。

晚上回到家，嫂子看着熟睡的小侄子留下了心酸的眼泪，哥哥在一旁一脸茫然地看着嫂子，询问道："你怎么了？"嫂子淡然地说道："我想把自己手中的工作放一下，多陪陪孩子，我刚才在努力地回忆和孩子玩耍的温馨画面，却寥寥无几。"哥哥看着熟睡的小侄子说："我支持你！"

从那以后嫂子每天按时上下班，给孩子做饭，陪孩子玩游戏，小侄子开始慢慢地和嫂子分享自己的玩具和小秘密了。

有一天，嫂子看见儿童桌子上放着一张画，画上画着两个小人，但是一点儿都看不懂是什么意思，嫂子就问小侄子这张画画的是什么？小侄子很谨慎地说道："爸爸喂妈妈吃虾。"听完这句话，嫂子脑海中出现了昨天老公给自己剥虾的场景。

嫂子这才一下子明白过来，其实小孩子什么都懂，小孩子的记忆碎片里会存储很多出现过的场景。于是嫂子和哥哥就带着小侄子去郊外的农场玩，小侄子看到各种蔬菜和动物都很好奇，好像突然打开了十万个为什么一样。嫂子会从最简单的西瓜教起，让小侄子看着西瓜去画。哥哥在旁边不停地鼓励小侄子，小侄子一边画一边说："我喜欢画画。"听到这句话，哥哥和嫂子的脸上露出

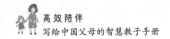

了欣慰的笑容。结果在郊外游玩的那一天，小侄子学会了画西瓜、鱼、鸟等。

在妈妈和爸爸的陪伴下，小侄子的性格变得不再暴躁，在培训班里也会认真听课，也不会撕毁小朋友的图本了，反而还会和小朋友们分享自己画的画。老师看了小侄子的画后，觉得小侄子的画很形象，在受到老师的表扬和同伴的赞美后，小侄子更加喜欢画画了。

现在嫂子和哥哥经常带着小侄子出去游玩，2020 年年中小侄子还获得了全市的儿童绘画二等奖。

我们要尽到父母的责任，陪孩子一起画鸟语花香和亲近大自然，让他们的童年画上美丽的色彩，而且是只属于他和父母的美丽的色彩和记忆。

爱的悄悄话，
化解孩子的抵触心

爱真的很简单，一个简单的拥抱，一个轻轻的吻，一句贴心的悄悄话，都能传递出最富有人情味的爱。

在亲子相处中，言语作为最主要的沟通方式，是联结孩子与爸妈之间的关键桥梁。正向的言语可以很好地向孩子传达感情。

爸爸妈妈每天一句"宝贝真棒，爸爸妈妈有你真好"。不仅可以给予孩子认同感和精神的愉悦感，甚至能改变孩子的精神面貌，使得孩子一直朝美好的一面发展。

孩子语言发展的关键阶段，通常是在2岁左右。这个年龄段的孩子能够掌握基本的语言。他们通过与外界的对接，会慢慢地发现语言有多种多样的表达形式，可以放声大喊，可以高声交谈，也可以是嘴巴贴耳朵的私密对话。

悄悄话对于孩子来说具有一种神奇的魔力。说悄悄话可以拉近和孩子之间的心灵距离，父母耐心地聆听孩子的悄悄话，更能让

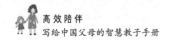
孩子觉得很自豪。

悄悄话也是孩子对语言的一种探索形式，很多孩子喜欢趴在妈妈耳边说悄悄话，然后和妈妈对视欢笑，感受心灵的默契。

使用悄悄话和孩子进行深入交谈，不仅可发掘孩子的语言功能，更可以化解孩子的抵触心理，融入孩子的内心世界之中。

我在大学期间，做过很长时间的幼儿教师。每天看着孩子们可爱明媚的笑脸，会让我生出许许多多的希望和勇气来。

可是心中有喜也有忧，平日里陪着班级里的小天使见识新世界，是一件非常幸福的事。然而，我常常因为不知道怎样更好地引导和支持孩子享受幼儿园的生活而苦恼。班级里的几个小捣蛋鬼更是让我头痛不已。

我们都知道，孩子在幼儿园时期已经养成了自己的生活习惯，每个小朋友身上都有闪光点，那些调皮捣蛋的小家伙也大多是想引起老师们的关注。

针对这种情况，我做了很多功课。我发现小朋友们非常喜欢老师和自己进行私密对话。这会让他们生出一种感觉："我是老师眼中特别的孩子。"

于是，为了能更好地引导孩子，我进行了"你和我的悄悄话"实验，这个实验最后取得了良好的成效。

登登班的春宝，从入园时就非常讨厌上学。听春宝的妈妈讲："每天早晨出门的时候都是好好的，可一到幼儿园门口，春宝就开始闹情绪。"作为老师，我非常理解春宝妈妈的心情。春宝这孩子情绪化很严重，脾气也大，小小年纪，就有自己的主见。只要不高兴就立刻宣泄出来，而且属于那种软硬不吃的小孩儿。

为了能和春宝交流，我试着和她多说话。早晨入园时，我会蹲下来仔细观察春宝一番，然后悄悄地对她说："哇哦，春宝今天好漂亮哦。"或是"今天是春宝自己走过来的吗，真棒！"有时我会在放学前凑到她的耳边，轻声说："老师很喜欢春宝哦，明天可以笑着走进院里吗？"

类似于鼓励、认可的悄悄话，我对春宝以及其他小朋友说了很多。小朋友们也会搂着我的脖子，在我耳边说："我也很喜欢老师，一定会成为一个好宝宝，让老师永远喜欢我。"

得到这样的回应，我十分满足，春宝也渐渐地打开了心房，和我亲密地交流起来，也越来越愿意上学，和同学们相处得也十分愉快。每天发脾气的次数也减少了。

春宝妈妈有一次非常激动地对我说："春宝今天给我说悄悄话，说她非常爱妈妈，我真的是太开心了。我真要好好感谢你呢，长律老师。"现在我和春宝妈妈也时常联系，分享彼此的育儿秘籍。我们对于用悄悄话缔结和孩子的情感得心应手，并且一直使用这种方式维持和孩子之间的亲密感觉。

关于如何使用悄悄话增进亲子之间的距离，有以下几点建议。

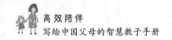

一、和孩子一起用悄悄话交流

日本的一项调查研究显示，悄悄话可以刺激孩子的大脑发育，对集中孩子注意力非常有帮助。家长适度使用耳语和孩子进行交流，能够卸下孩子的防备心，有利于打造良性循环的亲子交流。

假如孩子在公共场合哭闹不止，宝爸宝妈就可以使用说悄悄话的方式转移孩子的注意力，用最温和的方式让孩子停止哭闹。

二、耐心倾听孩子的悄悄话

很多孩子表达爱的方式很隐蔽，和爸爸妈妈说悄悄话就是孩子爱的表现。

孩子的内心细腻敏感，他们能轻易地察觉到父母的情绪，也很在意爸爸妈妈是否认真聆听自己的话语。所以，当孩子与自己进行耳边对话时，爸爸妈妈一定要用心聆听，并且表现出好奇心和神秘感。爸爸妈妈可以贴近孩子的小脑袋，一边耐心聆听，一边笑着点头，给孩子回馈自己的爱与关注。

三、不要让悄悄话成为孩子习惯使用的表达方式

虽然说悄悄话对于拉近亲子距离非常有用，但父母也应该注意，不要让它成为孩子交流沟通的惯用方式。

悄悄话通常是说给自己信任的人的，这种带有私密性的行为，

同时也含有"防备"的属性。如果孩子遇事总喜欢用说悄悄话的方式去表达，那么宝爸宝妈就要反省自己是不是对孩子要求太过严苛或者表现得太凶了。

　　家长应该记得，亲密关系要建立在安全、平和的氛围中，才能取得最佳效果。所以，请好好陪伴在孩子身边，成为孩子心中可以信任的人。

Part 9

全家总动员，
共同打造家庭教育观

妈妈要做好
家庭时间管理

　　很多妈妈反映，并不是自己不想陪伴孩子，只是生存压力大，每天工作，忙到天昏地暗、身心俱疲。就是想抽出时间陪伴孩子，也力不从心。

　　那么，对于全职工作的宝妈来说，想要协调好"工作"和"陪伴"的关系，最好的分身大法，就是做好家庭时间管理。懂得取舍，将时间花在刀刃上。

一、工作时间管理秘籍：高效利用时间

　　1.结成陪伴联盟，与盟友默契配合。

　　陪伴孩子，最忌讳的是单枪匹马。独自看顾孩子，不仅会让宝妈身心俱疲，还会事倍功半。聪明的宝妈都会寻找盟友成为自己的得力帮手。比如孩子放假时，将孩子的爷爷奶奶接过来，为孩子做做饭、洗洗衣服，陪孩子玩玩游戏。

当宝爸、宝妈下班之后，妈妈可以带着孩子去逛逛公园、散散心；爸爸可以教导孩子做家庭作业，玩玩益智游戏等。

2. 充分利用上下班时间。

宝妈可以利用这段时间来和宝爸进行沟通，可以聊聊工作上的事情，也可以说说家长里短。平常没时间说的，或是不好意思说的，都可以借由孩子的话题，好好地谈一谈。

利用好上下班时间，可以打造一段黄金时光，不仅可以增进夫妻感情，打造良好的家庭氛围，还可以借用零碎时间解决一些实际性的问题。

3. 合理利用晚间时光。

对于时间紧促的宝妈来说，最自由的一段时间大概就是晚上孩子睡着之后了。这时，建议宝妈多处理一些自己的事情，少做一些占用时间又收获不大的事情，比如刷手机、追剧。晚上人体会逐渐进入安静的时段，宝妈可以趁机做一些工作计划或工作总结。

4. 拒绝拖延，全神贯注。

拖延症是现代大多数人的通病，很多宝妈觉得自己时间紧迫，根本原因就是爱拖延。衣服可以过会儿再洗，工作总结可以吃完饭再写……今天的事情延迟到明天，拖着拖着时间就没了。

还有许多爸妈工作时想东想西，孩子有没有饿着，今天回去给孩子做什么饭吃，工作时注意力分散，本该一个小时完成的工作用了两个小时，自然拖延了工作又浪费了时间，两头都不讨好。

二、周末时间管理秘籍：懂得取舍，将时间花在刀刃上

1. 有舍才有得，在有限的时间内做有限的事。

什么都想抓住的人往往什么都抓不住，太过追求面面俱到通常会令人得不偿失。作为宝妈，要学会取舍，想要好好陪伴孩子，就要丢掉一些"杀时"的习惯。建议宝妈做一个详细的思考，想想哪些事必须要做，哪些事最好不做，哪些事可以往后再做，再针对各种事情做一个时间规划，合理安排一天的时光。

2. 放弃无效社交和及时的快感。

那些打着"朋友"旗号，不分时间、不分场合占用你精力的人一定要屏蔽掉。决定一个人生活质量的关键，在于他是否懂得精简生活。作为宝妈，最利于自己的社交是陪伴好自己和孩子，不给他人添麻烦，但也不必总为他人麻烦，多花点儿时间陪孩子，比只有吃喝的聚会更有意义。

日常生活中，最令人舍弃不掉的东西一定是"及时的快感"。现在很多流行的休闲方式，比如看综艺节目、逛淘宝、刷抖音等，这些牺牲大量宝贵时间换来的放松，往往会令人上瘾，却毫无建树。对于有孩子的宝妈来说，如果能丢掉一些不健康的休闲习惯，用运动健身去对抗压力，用陪伴孩子旅行、读故事书的方式去疗愈自己，一定是"性价比"最高的获得快感的方式。

三、孩子个人时间管理秘籍：帮助孩子学会时间管理

宝妈最高效、最有价值的时间管理方法一定是"孩子个人的时间管理"。帮助孩子学习规划时间，让孩子自己安排自己的生活，将选择权交给孩子，培养孩子的管理能力和自主能力，对于宝妈的家庭时间规划最有助益。

刚开始时，宝妈可以协助孩子规划自己的时间表，并和孩子约定好，充当孩子的监督者，督促孩子去完成任务。在约定的内容里，要包含完成奖励与未完成的惩罚。这样可以更好地推动孩子去完成自己计划的事情。

随着时间的推移，可以让孩子逐渐添加一些项目，让孩子的时间表随生活一起充实起来。当培养出孩子的自律性之后，就可以放手让孩子独立去规划自己的生活，并形成个人良好的生活习惯。这里面极为重要的一点是，宝妈一定要给予孩子足够的信任，并敢于放手让孩子去做。

当孩子的生活有了合理而良性的规划，并且能够与宝妈及整个家庭的时间安排相契合时，那一切就会变得高效起来。此时，宝妈不必再刻意追求陪伴，因为在最开始帮助孩子学习时间管理时，陪伴就已经发挥了最有用的效果。

为陪伴孩子而进行的家庭时间管理，不是宝妈一个人的任务，家庭成员之间要相互配合，不管使用哪一种方法，最终目标一定是让孩子的生活充实而有意义，让自己的时间充实起来。

算算在手机上花了
多少时间

2014 年 9 月，一位全职妈妈在家玩手机时，突然发现女儿不在身边，急忙去寻找，结果女儿已经溺死在浴室里十几分钟了。

德国一项有关手机使用普查的研究显示：普通成人每天查看手机的频率在 60—110 次之间；比起面对面的交流，50% 的儿童更愿意使用手机发短信进行沟通。

手机的普及确实给人们的生活带来了极大的便利，尤其是智能手机的普及，主导了现代绝大多数的社交联系，亲子之间的交流沟通也愈加依赖手机等电子产品。

然而，当我们用手机对孩子说"我爱你"时，即便言语背后是父母的切实的感情，但孩子也无法真切地体会到爸爸妈妈话语后面的温柔和暖意。哈佛大学心理学家凯瑟琳·斯坦纳·阿黛尔在她的讲座中向家长发起询问："你们中有多少人会在去卫生间的时候将手机带上？"不出意外，绝大多数家长举起了手。

手机给现代人造成了一种新的社会现象：当我们听到电话或收到信息时，我们会立刻停止讲话，即便我们是在跟我们最爱的亲人聊天时，也会停下来看一看我们的手机。

近几年的一项社会心理研究显示，从智能手机普及以来，住在同一屋檐下，但是感觉被孤立或是感觉孤独的人增加了 40%。

前几年，有一则十分出名的新闻报道讲述，一个小女孩在作文中写道："我好想成为一部手机啊，这样妈妈就可以一直看着我，一直陪着我了。"每次想到这句话，我心头就会涌入一股酸意。

亲子交流被电子产品所取代，陪伴被数字信息所取代，越来越多的孩子缺乏被父母疼爱的真切感受。我们花在手机上的时间，不断拉开和孩子之间的距离。

深圳的一家媒体公司通过问卷调查的形式随机采访了 3000 多名中小学生，调查结果显示：在日常生活中，有超过 55% 的父母玩手机的时间多于陪伴孩子的时间。另外，有将近六成的孩子明确表示，十分讨厌父母和自己待在一起时玩手机。孩子们因此觉得很孤单，像是路边的野草，认为父母并不爱自己。

爸爸妈妈沉迷于玩手机，孩子独自在一旁自娱自乐，他们可能会很疑惑：这个手机是不是一个会勾魂的妖怪，所以爸爸妈妈才被抢走了。

另外一种情况是，为了省心，父母干脆甩给孩子一个手机，不必担心孩子哭闹，不必担心孩子无聊，然后各玩各的，"皆大欢

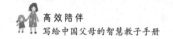
喜"，于是，小手机一族也诞生了。

父母是孩子的第一任老师，父母的言传身教在孩子的成长过程中影响最大、占比最多。因此，父母的生活习惯、价值观会直接影响孩子，无论是好的方面还是坏的方面。

孩子在拥有自己独立的认知以前，对外界的一切事物都处于好奇和懵懂的阶段。此时，父母如果专心致志地"陪伴"手机，那么对于孩子的言行举行便不会投入过多的关注，对孩子提出的问题就会敷衍了事，甚至表现出很不耐烦的表情和语气。长此以往，孩子就不会再主动与父母沟通，性格也会因此变得孤僻、不自信。

受父母的影响，孩子也会迷恋上玩手机，甚至在父母的手机上看到很多不适合他这个年龄段应该看到的东西。例如爸爸在看暴力的警匪片，当他对里面的打斗片段表现出认可时，孩子就会认为打架不是错误的事。

并且当孩子沉迷于手机或其他电子产品时，他们的学习以及涉外活动也会受到影响。

不仅如此，很多父母由于玩手机导致孩子发生意外的事例也屡见不鲜。超市中孩子坠下电梯、孩子疑似走丢等事件，多数也是由于父母玩手机、无暇看顾孩子而造成的。

陪伴孩子成长，比什么都重要。孩子的童年那么短暂，不趁现在多抽点儿时间陪陪他，不愿意在他身上花费时间、精力，有什么资格要求他成长为那个"别人家的孩子"呢？

父母一定不能因为玩手机而错失陪伴孩子的机会，或者因此让孩子发生一些意外，那时候就追悔莫及了。

高质量的陪伴从放下手机和孩子好好相处开始。建议在以下时间，父母放下手机、放下工作，好好陪在孩子的身边。

1. 在送孩子上学的路上，表达对孩子开心度过一天的祝福。

2. 当接孩子放学时，深深地拥抱孩子，向孩子传达爱、倾诉爱。

3. 当孩子从学校回到家中时，多与孩子沟通，或者和孩子一起进行户外活动。

4. 父母下班回到家中，不数落孩子或将在外面的坏情绪发泄到孩子身上，拥抱亲吻孩子并告诉他非常想念他。

5. 晚饭时间，给予孩子重视，倾听孩子的一天。

6. 睡前时间，陪孩子读故事书或睡前读物，再给孩子一个晚安吻。

如果你的孩子由于你的原因已经沉迷于玩手机，请陪他一起改掉这个坏习惯。

1. 多和孩子交流谈心，告诉他手机的危害，并从自身做起。

2. 增加外出的机会，转移自己和孩子的注意力，把自己空余的时间、精力投入到陪孩子运动、学习上。

3. 可以设定时间段，适当去玩，并发挥手机辅助学习的功能。如果你花在手机上的时间超过陪伴孩子的时间，请及时提醒自己，不要再让爱缺席或者迟到。

鼓励爸爸参加孩子教育的小妙招

在国内，有一个社会现象一直呈直线上升的趋势，许多人用"丧偶式婚姻""丧偶式育儿"来形容中国家庭的状态。这些话听起来好像危言耸听，但却一针见血地指明了中国大多数家庭的症结所在。

确实，在许多家庭中，"父亲"这个角色总是习惯性地缺失，很多孩子在成长过程中几乎很少是爸爸带大的，95%—98%的中国儿童是由妈妈以及奶奶一手养大的。

在很多人的观念里，看护孩子依旧是妈妈的天职，爸爸的主要职责是挣钱养家，因此要外出工作、应酬，必须早出晚归、远离家庭，爸爸可以理所当然地成为那个"不回家的人"。

另一方面，长期外出工作的爸爸因为很累，所以即便在家，多数时间也是在休息、玩手机、打游戏，爸爸需要"放松自己、排除压力"，所以没有时间陪伴孩子，也极少和孩子进行情感上的互动。因此，父爱的缺失让孩子在一些方面得不到正确的示范和引导。

母爱是极其伟大的，但妈妈也只能给予孩子女性特有的温柔、细腻的爱。至于力量、担当以及与力量有关的联结和关系，都需要身为男性的爸爸去引领。陪伴孩子健康完整地长大，怎么能是妈妈一个人的守护就可以完成的呢？

中华民族是个深沉内敛的民族，在我们固有的印象中，爸爸总是沉默寡言、不善表达的。我们说起父爱总会想到"父爱如山"，父亲是心中的依靠，沉稳可靠的爱可以给孩子带去充足的安全感，但是父爱的缺席，再加上爸爸们在孩子日常生活中的边缘化，多少孩子是在渴望父爱的痛中长大的？

一个习惯性缺席的爸爸，总会伴随着一个总是焦虑的妈妈。父爱在日常家庭生活中的缺失，会导致长期孤军奋战的妈妈逐渐陷入不安和孤独之中，不由自主地将家转化成令她身心疲累的工作场所。无形的压力和焦虑衍生出的母爱看似无微不至，实则会造成妈妈对孩子过度溺爱，孩子对妈妈过度依赖。

一个更多地成长在母爱之中的孩子，身上折射的除了妈妈的期望、寄托与宠爱之外，还有一个家庭的压力和焦虑。抑或孩子早已在不匀称的爱中嗅到了各种复杂的情绪，例如伪装、压抑、挣扎、困苦。

在各种如同困兽般的情绪中，孩子会对妈妈生出愧疚感，对爸爸表现出排斥的情绪。孩子选择做"妈妈永远的好孩子",因此走入拒绝长大、极其依赖母亲的境地,由此无法真正地独立起来,更没有办法探索社会、融入社会。因为女性的性格要比男性温柔得多,更多跟随妈妈长大的孩子性格自然柔和一些。

美国耶鲁大学进行的一项持续 15 年的跟踪调查研究成果表明,由爸爸带大的孩子智商更高。这是因为男性属于线性思维,独立性强,最适宜带孩子认识事物的本质,学习一些逻辑思维更强的学科,比如哲学、地理、历史等。

爸爸也可以更多地教授孩子认识力量,例如保护家人的能力、承担社会的担当,并赋予孩子果敢、独立的性格和积极、勇敢、冒险的精神。一些经常被爸爸带着爬山、赛跑、捉虫子的孩子都具有良好的自信和非凡的勇气。

因此,爸爸的陪伴和妈妈的一样重要。孩子是父母共同的结晶,由父母双方共同养育成人的孩子性格更健全,当孩子感受到父母之间的爱时,他才会变得更加有爱,也更容易形成正确的价值观。所以,宝爸们千万不能在孩子的童年中缺席,一定要和宝妈共同承担陪伴孩子的任务。那么,怎样鼓励爸爸参与到陪伴孩子的教育中去呢?

1. 宝爸要转变心态,不能认为守护孩子是宝妈一个人的责任,而选择当甩手掌柜,把所有的家庭琐事统统丢给宝妈,也不要认为自己只要当宝妈的助手就可以了,一定要学着主动承担家庭义务,和宝妈一起陪伴孩子成长。

2.宝爸要经常回家吃饭，餐桌上的团圆是给孩子提供饱满情感的必要因素。吃饭时，不要一味地说教，也不要批评孩子，多聊一些开心的事，拉近和孩子心灵上的距离。

3.如果实在抽不开身或腾出的时间有限，一定要和孩子多聊视频、多打电话，让孩子感受到你的关心和在意。陪在孩子身边时，更加注重陪伴的质量。

多关心孩子的想法，适当表达自己的建议，多和孩子进行有意义的户外活动，譬如和孩子一起跑步、打球、游泳、登山等，将自身的能量传递给孩子，将乐观积极的生活态度教授给他们。

多和孩子共同阅读，哈佛大学研究显示，孩子与爸爸一起读书受益会更多。在阅读当中，男性更容易引发发散性思维和更富有想象力、创造力的讨论，对孩子的头脑发散、记忆、语言发育极有帮助。

4.宝爸要好好爱宝妈。相爱的父母更容易培养出有爱的孩子，爸爸妈妈之间的亲密关系，是孩子最稳定的安全港湾。爸爸对妈妈的爱，是孩子未来爱的标准。

5.由孩子发起主导，主动去亲近爸爸，加大和爸爸之间的情感交集，让爸爸从被动陪伴逐渐转变为主动守护。

6.宝妈要多多鼓励和赞美宝爸。当宝爸和孩子一起活动时，一定要用言语和行动表示对宝爸的关注和赞赏。比如，宝妈可以对宝爸说："你看孩子和你待在一起多开心；你脑子比我好用，指导孩子学习的事情就拜托你了。"可以在宝爸和孩子玩游戏时，亲亲孩子，再亲亲宝爸。不仅可以缔结三人间的情感联结，更能增强宝爸守护孩子的信心。

7.宝妈要多和宝爸进行沟通，不要一人独揽陪伴孩子的责任，让爸爸参与进行，夫妻共同融入孩子的生活当中，使孩子获得更加完整的家庭情感。

在孩子的内心当中，爸爸、妈妈的角色都是无可替代的。孩子的成长是不可逆的，宝爸们一定不要因为一时的懒惰而导致一辈子的遗憾。

用三招解决
隔代溺爱

　　中国有句老话讲："隔辈亲，分外亲。"当代很多的年轻人都是独生子女，而他们也可能只生一个子女，这就导致了一个问题。一个七口之家，有四位老人，一对年轻夫妻，但只有一个孩子。四个老人围着一个孩子转，孩子成了家庭的中心。

　　作为家中独苗，爷爷奶奶、外公外婆自然要百般宠爱，甚至他们的宠爱都已经变质了。时时刻刻将孩子"绑"在身边不说，只要能让孩子开心，他们就可以无限满足孩子的要求。

　　老一辈的初衷也是好的，他们希望给孩子全部的爱，甚至他们付出的情感比孩子的爸爸妈妈还要多，但是，过度地溺爱，不仅不会让孩子健康成长，而且多数时候都会不尽如人意。在溺爱中长大的孩子，比温室里的花朵更让人担忧。

　　爷爷奶奶、外公外婆的过分宠爱，使孩子丧失界限感，分不清对错，溺爱还会养成他们"唯我独尊"的习性，久而久之，伴随他

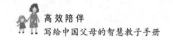

们的标签会是任性、固定、自私。

没有独立成长过的人生，也会让他们缺少适应社会的能力。孩子们看似在无忧无虑的关爱下成长，实质上被剥夺了各种探索世界、独立成长、融入外界的机会。长大之后，除了依赖父母长辈，他们很少能走出属于自己的道路。有些孩子甚至因为与社会格格不入，而走上歪门邪路。

网络上因为长辈不知限度的溺爱，导致孩子在成年之后步入歧途的例子比比皆是。生在富裕家庭的张某，在祖母的骄纵之下，要风得风要雨得雨，只要开口，任何要求都可以被满足。

在家如同小皇帝般的张某，口袋里从不缺少零用钱，长辈的百般顺从养成了他的坏脾气，只要自己心情不顺，不管是谁都张口就骂。长大之后，张某学会了抽烟、赌博、打架，学习一塌糊涂，一度因为不良嗜好和打架斗殴而被学校除名。最后，张某干脆远离校园，和一帮所谓的好哥们入了贼窝。

毫无疑问，溺爱是导致青少年走上犯罪道路、形成错误价值观的最主要原因之一。

邻居花姐和她老公都是独生子女，他们的女儿妙妙也已经 4 岁了。由于工作的原因，花姐和妙妙爸爸都没有时间照看妙妙。于是，花姐便把公公婆婆接来，帮忙照顾妙妙。

没过多久，花姐就发现妙妙像变了个人似的，不仅脾气越来越坏，老是无理取闹，而且性格越来越霸道，一点儿事情没有满足她，就会生气摔东西，最近更是什么都不愿意和别人分享了。

有一次，妙妙奶奶喂她吃青菜，但是妙妙死活不愿意吃，还朝着奶奶的脸打了一巴掌。花姐看到，立刻把妙妙拉到一边，打了她的屁股一下，并责问她："你怎么可以打奶奶的脸，谁教你这样做的？"

谁知妙妙一下子大哭了起来，还拍翻了奶奶手中的碗，说道："我讨厌妈妈，妈妈最坏了。"

结果妙妙奶奶一把把妙妙搂在怀里，并责怪花姐说："你打孩子干吗，她打我一巴掌咋了，不疼不痒的。"一边轻拍着妙妙，一边说道，"妙妙不喜欢吃青菜，咱以后再也不吃了，乖，不哭了不哭了，都是奶奶不好。"

"妈，你不要护着她，我今天一定要好好教育她。"奶奶不理睬花姐，抱着妙妙说："乖宝贝，不哭了，奶奶等会儿带你去买玩具。""妈，你不能这样教育孩子，这样惯着她，会害了她的。"妙妙奶奶非常生气地吼道："我就这一个孙女，我怎么会害了她，你要是觉得我教育得不好，我和你爸走还不行吗？"花姐很是无奈，只能说："妈，我不是这个意思。"最后这件事情也不了了之。妙妙奶奶也因此和花姐有了隔阂，哄着妙妙的时候，总会拐弯抹角地说一些难听的话。孩子听不懂，却慢慢记在心里了。

花姐非常苦恼，也不知道怎么解决这件事情。她心里清楚，如果这时对妙妙奶奶说，自己照顾孩子，那这个家庭将会产生更多

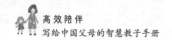
的嫌隙，妙妙更不可能自由地成长。

长辈疼爱孩子本是一件好事，但是无底线的溺爱很可能导致孩子走上歧途。而且对于孩子来说，因为被宠爱而错失成长的契机更是得不偿失。

当然，这并不是说把孩子交由爷爷奶奶或是外公外婆来带不好，重要的是，长辈用什么方式来引导、照看孩子。

我们家的四位老人也非常疼爱登登，只不过他们都能把握一个度，心里有自己的标准，知道什么对孩子才是最好的，怎么做才真正利于孩子的成长。

想要解决隔代溺爱，可以从以下三个方面着手：

一、抽出时间，高效陪伴孩子

多数家庭之所以出现隔代溺爱的情况，是因为孩子的爸爸妈妈总是忙于工作，没有抽出精力去教导自己的孩子，而是把他们全权交给爷爷奶奶去看管。

如果宝爸宝妈愿意花费时间多陪伴孩子一些，那么当了解到爷爷奶奶宠爱孩子的方式不对时，就可以及时地和他们沟通，相互配合着去教育孩子。

解决隔代溺爱，最忌讳当着孩子的面责备爷爷奶奶的做法，这会给孩子形成反面教材，让他们觉得不必在意爷爷奶奶的付出。宝爸宝妈可以在背后告诫孩子，不能要求爷爷奶奶去满足自己的任何要求；告诉他们，爷爷奶奶年纪大了，不能挣钱了，你要懂事一点儿，当个孝顺懂事的好宝宝。

二、与爷爷奶奶多交流沟通

爷爷奶奶疼爱孩子的心是值得理解的，宝爸宝妈们应该耐心和自己的父母沟通，告诉他们过度溺爱孩子会给孩子带来什么样的危害。将孩子当成宝的爷爷奶奶、外公外婆，为了让自己的孙子或是孙女过得幸福，一定不会再放纵孩子了。

三、转移家中老人的注意力

许多老年人都是全神贯注地把精力集中到孩子身上，退休之后无事可做的老年人，更是如此。因此，宝爸宝妈要学着调节父母、孩子和家庭之间的关系，让老人有事可做，有兴趣可以实施。适当分散老人的注意力，可以调整老人和孩子之间的关系，让老人更开心，孩子成长得更幸福。

重要的是，宝爸宝妈要抽出时间多陪陪孩子、陪陪父母，保护好家中温暖的氛围，守护好每个人的情感，才能达到高效陪伴的目的。

统一家庭教育观，
化解内部分歧

有关家庭教育观念的研究显示，当代 80% 的家庭在教育观上存在分歧，这些分歧通常是孩子爸爸与孩子妈妈之间的分歧，以及孩子父母与孩子祖辈之间的分歧。

孩子是一个家庭最直接的情感联结，从他出生的那一刻起，就成了家庭中最牵动人心的存在。

无论是孩子的爸爸妈妈还是祖辈，都费尽心思地呵护孩子。只不过，有时候所谓的"一切为了孩子"，往往会成为引发育儿矛盾的导火索。

在日常生活中，许多家庭都会上演这样的一幕，孩子妈说："宝贝儿，再看一会儿动画片，咱们就应该去学习了。"

这时，孩子通常会可怜巴巴地望向奶奶，因为他清楚疼爱自己的奶奶一定会"帮助"自己解决眼前的困难。

奶奶收到孩子的求救信号，立刻就会接上一句："孩子想看电视，就让他看吧，总是学习也不好，孩子这么小，脑子哪适应得了，必须劳逸结合才行。"

亲属之间出现严重的教育分歧，并不是一个家庭的特例。当今时代，家庭内部教育观念不一致的情况太多了。例如，爸爸禁止的事情可以在妈妈那里做，妈妈支持的事情在爸爸面前是被严令禁止的；孩子犯错，爸爸通常会严厉地惩罚训斥，而妈妈会充当抚慰和弥补者；孩子爸妈想要从小训练孩子独当一面的能力，孩子的爷爷奶奶却生怕孩子吃一点儿苦，受一点儿累，时时刻刻都要把孩子拴在身边。

孩子在家里遭遇到爸妈之间、爸妈和爷爷奶奶之间的意见分歧，就如同总是经受不同风向的帆船，摇摆不定，不清楚到底哪个方向才是正确的。

家庭教育观念的分歧只会徒增孩子的烦恼，甚至会导致孩子出现钻空子、投机取巧的情况。谁说的话能满足自己就听谁的，谁发出的信号对自己有利就偏向谁。长此以往，对孩子造成的影响不言而喻。

家庭成员教育观不一致，对孩子的危害很大。有时宝妈想要采用科学喂养的方式让孩子营养均衡地用餐，但是孩子奶奶总是会上演"追饭"的一幕，孩子没有决定权，最后只能选择对自己有利的一方。爸爸妈妈和长辈的初衷，都是为了孩子好，但是孩子夹在中间左右为难，不仅学不到和家人的正确相处模式，心灵和情感上也遭受着折磨。

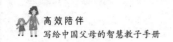
这种情况在我们的日常生活中时常发生，孩子在爸妈和爷爷奶奶之间摇摆不定，常常偏向于满足他们要求的一方，对呵责自己的一方有所抱怨，甚至逐渐疏远，这对孩子的健康成长危害极大。最严重的影响是以下几点：

一、导致家庭不睦

现在很多的家庭矛盾都是由于对孩子的教育分歧导致的。年轻父母倡导科学育儿，但是长辈却以养育孩子的经验足为理由，时常插手孩子的教育，最终由于双方教育观念的分歧导致家庭成员之间出现隔阂。

二、影响孩子心中的父母形象

很多孩子在成长中都得不到均衡的父爱和母爱。爸爸不带孩子或是没有特意陪伴孩子的意识，认为怎样都可以，孩子正常长大就行。而妈妈则是尽心尽力，对孩子要求极高。

孩子爸爸妈妈不同的育儿观很可能引发夫妻不和，孩子夹在中间进退两难，最后不管谁取得胜利，应对选择的总会是孩子，这会严重影响父母在孩子心中的光辉形象。

三、导致孩子出现心理问题

家庭不和或是爸妈感情不好，会直接影响孩子的幸福指数。孩子最大的安全感源自家庭成员之间的稳定关系。经常发生争吵的家庭，更容易导致孩子出现沟通障碍。孩子长期生活在不安的氛围中，很难相信人和人之间的亲密关系，更会在人际交往时出现心灵问题。

不仅如此，家庭教育观念的分歧，容易让孩子产生投机取巧的心理，在爸爸妈妈那里满足不了的想法，可以到爷爷奶奶那里去实现。哪一方符合自己的利益标准就选择哪一方。久而久之，孩子就会形成双重甚至多重标准，对不同的人和事采取截然不同的态度。如果孩子有不同的选择标准，那也会养成其说谎的坏习惯，这严重危害孩子价值观的培养。

四、孩子难以获得成就感和价值感

同样是画一幅画，妈妈通常会赞美孩子做得非常棒，鼓励孩子继续努力；而爸爸则会挑剔孩子的毛病，认为孩子做得不够好。爸妈的话都会对孩子产生影响，即便孩子觉得自己很厉害，但内心也会因为爸妈不同的态度而怀疑自己，难以享受真正成功的愉悦感和被认可的价值感。

显然，上面的情况都将危害孩子的成长，那么，怎样使家庭教育观达成一致呢？

一、合

家长要合，不能经常在孩子面前闹矛盾，发生口角之争，这样会降低家长在孩子心中的威信。当家庭内部出现分歧时，不要当

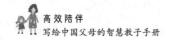
着孩子的面大吵大闹，一定要采取温和的态度就事论事，给孩子建立正确的示范。

二、统

家长要多交流，坦诚地交流彼此的想法，求同存异，吸取精华，去掉糟粕，按照一致的教育方式去教育孩子。

三、问

孩子是接受教育的主角，让孩子评价父母和其他长辈教育的优点和不足。这样才能共建和谐的家庭环境，父母和其他长辈才能意识到自己的不足，然后进行改进。

统一家庭的教育观，建立和谐的家庭环境，即使父母和长辈因为家庭教育而争吵，也要让孩子知道是因为爱才会这样的，不要让孩子误认为父母关系不好，从而让他们幼小的心灵受到伤害。

孩子爸妈是第一次为人父母，所以难免会有不同的教育方法，为此夫妻双方更要多沟通。而老一辈已经养育过孩子，尽管认为自己的教育方式比自己的孩子要好，但也要明白，时代不同，教育方式也会随之改变。

爸爸妈妈要和爷爷奶奶多多交流沟通，彼此交流想法和经验，把最适合孩子成长的方式留下，把好的教养方法传承下去，同时也让爱和陪伴一辈又一辈地传承下去。

让孩子参与
解决问题

著名的发展心理学家埃里克·埃里克森认为：孩子在 2 岁至 6 岁之间，会经历一个极其重要的成长阶段，称之为"主动与内疚"。这一阶段的孩子，如果解决问题的主动性较弱，长大之后很可能会缺乏自信，认为自己什么事情都做不好，并且心中时常伴随着挥之不去的愧疚感。因此家长在陪伴这个年龄段的孩子时，一定要帮助孩子提高主动解决问题的积极性，让孩子参与到解决问题的过程中，自己做出选择。

不同成长阶段的孩子会遇到不同的问题。幼儿时代，孩子需要学着穿衣吃饭；青少年时期，孩子需要学会独立面对生活；成年阶段，他们需要承担社会责任。越长大，就越需要孩子自己去解决问题。

人的一生很长，孩子的童年有限，父母不可能永远帮他们处理问题。他们的人生道路会随着成长，遭遇越来越多的困难，因此

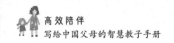

培养孩子解决问题的能力是父母陪伴孩子期间最为重要的责任。

那么，怎样帮助孩子提高主动解决问题的积极性，并参与到其中呢？有如下几个建议送给宝爸宝妈借鉴参考。

一、鼓励孩子参与

爸爸妈妈不可能永远做孩子的保护伞，也不应该一直将孩子护在自己的羽翼之下。一个眼前总有盾牌、背后总有靠山的孩子，很难成长为独当一面的强者。

孩子遇到问题时甚至没有选择参与的权利，就被家长拉到身后，长此以往，孩子就会在遭遇困难时选择躲避或后退。

而自信果敢的孩子，通常在小时候就有主动解决问题的意识。因此，家长要敢于放手，鼓励孩子参与到解决问题的过程中来，磨炼孩子直面挫折的勇气和独立生活的能力。

二、帮助孩子学习解决问题的办法

宝妈宝爸一定要做好孩子心灵的守护者和意识的引导者，用实际行动告诉孩子，遇到问题的时候，不能依靠情绪去解决。毕竟，世界上除了父母、亲人，没有人会一味迁就你。恶劣的情绪不会让事情变好，反而会伤害到身边的家人和朋友。告诉孩子，遇事情的第一反应，是思考怎么去解决这件事情，实在没办法解决再去寻求别人的帮助。但是，就算征求到别人的帮助，也不能就此撒手不管，把解决问题的责任推脱到别人身上。正确的做法是，要用心观察别人是怎么解决问题的，就算自己暂时没有解决事情的能力，但是参与解决问题的意识和主动性，也能帮助孩子养成独立自主、敢于承担责任的性格。

三、爸爸妈妈多征求孩子的意见

当孩子遭遇挫折时，爸爸妈妈不要因为要培养孩子的主动性就束手束脚。爸爸妈妈要多询问孩子的想法及意见，让孩子感受到关注和关怀，并适当地给予孩子一些指导意见。

切记，爸爸妈妈不能在孩子遭遇问题时，轻易将"放弃"这个词说出口，如此会挫伤孩子的积极性，降低孩子解决问题的欲望。爸爸妈妈要多和孩子交流，多听一听孩子的选择，陪着孩子参与到问题当中，并让孩子感受到发自内心的爱。

四、培养孩子的自信心

爸爸妈妈一定要给予孩子足够的信任，相信他们的选择，并相信自己能够给孩子带来正确的引导。家长一定不能在孩子遇到一点儿挫折时就伸出援手，这样会使孩子养成依赖性，也不利于锻炼孩子解决问题的能力，影响孩子的积极性和自信心。一个过于担忧的母亲，一定培养不出乐观大气的孩子。爸爸妈妈想要孩子成为什么样的人，就要从培养孩子的那一刻相信孩子的可能性。

爸爸妈妈要知道让孩子参与解决问题，能塑造孩子的坚韧、独立的人格；不让孩子参与解决问题，就会产生相反的后果。没有独立解决问题意识的孩子，通常胆小怕事，缺乏责任感，言谈举止也透露着自卑感。

有些妈妈在孩子主动要求帮忙时，由于担心孩子太小，会耽误事，通常会有这样的表现。"你不会做，别在这里添乱。""你不行，到一边玩去吧。"有时候处于忙碌状态的妈妈，还会表现出烦躁、嫌恶的表情和语气。

这种情况，会让孩子形成一种错误的观念："原来在妈妈心里，我就是一个没用的小孩子，难道我真的很没有用吗？"久而久之，孩子就会害怕接触新事物，儿时烙在脑海中的想法会让他们产生自卑心理，导致他们没有办法发挥自己应有的能力。哪怕这个孩子自身很优秀，但在很多方面都会有缺憾。

有个很知名的例子。有个姓魏的天才儿童，两岁识得两千多字，4 岁掌握初中文化知识，8 岁就跳级到县属重点中学，13 岁以高分考入湘潭大学物理系。

但是，大学四年，神童小魏给同班同学留下最深刻的印象却是："他是个生活白痴，不仅生活不能自理，连最基础的社交礼仪都不懂，更缺乏人际交往的能力。"

最后，记者了解到，小魏从小到大的衣食住行都是由妈妈照顾的，平日里除了学习，妈妈不让他参与任何活动，更不让他帮忙解决任何问题，只让他埋头学习，小魏的生活几乎是半封闭的状态。上大学时，妈妈也随着陪读了四年。因此才会导致小魏严重缺乏生活常识。

令人叹息的是，相同的例子还有很多。多数父母由于溺爱孩子，选择让孩子远离是非，殊不知，呵护到极致的爱反而是一种伤害，成为困住孩子翅膀的牢笼。

所以，我真心呼吁爸爸妈妈们，为了让孩子们成长为优秀强大的人，请给予他们参与生活的权利，陪伴他们享受生活、走入世界，将更多的爱注入他未来的道路上，而非自己的身后。

每月一次团圆宴，
让陪伴拥有名义

如今，随着生活节奏的加快，绝大多数父母都是全职上班，白天很难见到孩子，晚上回到家时孩子也已经进入梦乡。另一种情况就是，由于时间受限，很多家庭选择外出就餐或是点外卖，如此随意的生活方式，又怎么让陪伴达到事半功倍的效果呢？

美国著名教育学家莎莉·路易斯在她的著作《唤醒孩子的才华》中写道："有人研究哪些因素促使孩子在学习能力倾向测试上得高分。智商、社会条件、经济地位都不及一个更微妙的因素重要，那就是得高分的孩子都经常与父母一起吃晚饭。"

陪伴并不一定要刻意去做什么，很多有趣的细节、生动的故事就是来源于最常见的生活场景，比如说聚餐吃饭。用餐时，亲人之间自然而然的言谈对话对孩子更有影响力。

我们家餐桌上便时常会发生一些趣事。登登爸爸爱吃辣，每次吃饭的时候，登登就会让登登爸使劲对着自己的小手吹气。然后登登就会捂住小手说："好辣好辣，爸爸已经变成了辣椒恶魔，还把辣味传给了我，妈妈你快把糖拿出来，我吃了糖就可以变成甜味英雄保护你啦。"

我自然知道登登的小心思，为了让登登好好吃饭，便会与登登斗智斗勇。我通常会拿出一支画画笔，在纸片上画出一块糖，然后贴在登登的手背上，再对着那块糖说："甜甜的糖啊，快把你的力量借给我的小宝贝吧，他要成为甜味英雄保护世界。"

登登虽然没有如愿，但听到保护世界，还是会非常开心地配合我。这样有趣的用餐小事，虽然没有刻意去贯彻"教育意义"，但重在氛围，可以很好地保护孩子的心灵。餐桌陪伴是对心灵的养护，是最好的精神教育。

所以，我建议妈妈们一定要抽出时间陪孩子吃饭，最好定期举行一次团圆宴。在一段时间的工作结束之后，分散在各处的家人聚在一起吃顿饭，对着一桌子的美味佳肴聊天谈心，真正和孩子融入一起，让孩子参与到大人们的谈话当中去，让陪伴真正拥有爱的名义。

团圆宴是如同节日般美好的存在，是创造轻松柔和平等愉悦的陪伴的最佳时机。餐桌边，大家都谈一谈自己最近一段时间的生活，或是某一天的经历、见闻和感想。爸爸妈妈们遇到的很多事情其实不必非要避着孩子去谈，适当地让孩子了解成人世界，将家中的一些情况，比如近期的家庭计划、经济情况等让孩子体会作为家庭一分子的参与感，了解这个家庭的真实情况。此时的陪伴会更有分量，孩子也能因此明白自己对于这个家应该负起的责任与担当。孩子心中感受到的"分量"会帮助他做出选择，实现自我成长。

当然，团圆宴也不只是共同吃饭这么简单，如果在吃饭的过程中父母沉默不语或者批评孩子的学习问题，那么这顿饭不仅毫无意义，更会起到相反的效果。因此，团圆宴的氛围一定要松弛、愉快。

和父母在一起吃饭的过程就是父母陪伴孩子的过程，也是孩子通过自己的眼睛去观察家庭、观察外界，从而审视自我的一个过程。一大家子人聚在一起，讲一个有趣的笑话，说一说看过的电影或者听过的故事……话题从今日见闻聊到旧时历史，没有必要刻意围绕孩子进行，重要的是就在孩子身边，让孩子有参与感。在这个大前提下进行的陪伴，无形中便能促使孩子学到一些社会知识，也有助于孩子拓宽眼中的世界、提升心灵的格局。我们在陪伴孩子时，总会试图灌输一点大道理到孩子那里，但是这种陪伴一定是令人望而生畏的。试想一下，当孩子想和你亲近亲近，说一说自己心中那些令人开心的事时，那种持续不断的说教，你这样做好，你不这样做才是个乖孩子，你不许吃这个，你一定要多吃那个……

这种可怕的说教时间，不仅让相处失去了陪伴的意义，更加不能拉近父母和孩子之间的心灵距离，还会将孩子越推越远，逐渐令他疲惫、厌烦，甚至麻木。

如果我们对于陪伴的定义可以更加宽泛和松弛，如果我们可以拥有轻松愉快的餐桌陪伴，如果我们都能够与孩子平等相处，那我们就会拥有和谐、健康的亲子关系，可以和孩子一起愉快幸福的成长！